Agustín Moreto y Cabaña

La fuerza de la ley

Barcelona **2024**
Linkgua-ediciones.com

Créditos

Título original: La fuerza de la ley.

© 2024, Red ediciones S.L.

e-mail: info@Linkgua-ediciones.com

Diseño de cubierta: Michel Mallard.

ISBN tapa dura: 978-84-1126-249-1.
ISBN rústica: 978-84-9816-776-4.
ISBN ebook: 978-84-9953-213-4.

Sumario

Brevísima presentación

La vida

Agustín Moreto y Cabaña. (Madrid, 1618-Toledo, 1669). España.
Sus padres eran italianos. Fue capellán del arzobispo de Toledo y tuvo una vida tranquila. Alcanzó una notable popularidad en los siglos XVII y XVIII. Escribió comedias de carácter religioso, tradición histórica y costumbres. La edición completa de sus obras se publicó en tres partes en los años 1654, 1676 y 1681.

Personajes

Seleuco, rey
Filipo
Nise, infanta
Aurora, su prima
Irene, criada
Alejandro, galán
Greguesco, gracioso
Demetrio, príncipe
Músicos

Jornada primera

(Salen el rey y Filipo, con memoriales y con acompañamiento.)

Rey
¡Repetid el memorial!
¿Qué dudáis, si es para mí?

Filipo
Sí, señor.

Rey
¡Leed!

Filipo
(Aparte.)
Dice ansí:
(Turba su presencia real)

Lee.
«Cintio, capitán de vuestra guarda, preso por haber incurrido en el crimen de adulterio, está sentenciado en vista, en la pena de la ley. Suplica a Vuesa Majestad...»

Rey
Basta; excusad los enojos   5
que me da haberlo escuchado.
Si en vista está condenado,
sáquenle luego los ojos.
Por ley esta pena di
cuando esta ciudad fundé   10
al adúltero; él lo fue
sin temor della y de mí.
Pague, pues ha cometido
dos ofensas su osadía
—que no perdono la mía   15
ni puedo la del marido—,
pues también yo como rey
fui ofendido de su error,
porque de un rey es honor

el respeto de la ley,   20
y el que osado la quebranta,
siendo ella la autoridad,
le quita la Majestad;
y, siendo la ofensa tanta,
perdonar su desacato   25
es quitar con indecencia
el temor a la obediencia
y el valor a su mandato.
Que se ejecute pondrás,
que una ley establecida   30
hace en uno no cumplida
atrevidos los demás.
Ni atemoriza ni asombra,
que queda, si se quebranta,
como sombra que no espanta   35
a quien ya sabe que es sombra.
Seleuco soy, pobre fui,
a Alejandro acompañé,
dél este Imperio heredé,
que en Grecia comienza en mí.   40
A Antioquía di el renombre
por Antíoco, mi padre;
Laodicia por mi madre
y Seleucia por mi nombre.
Leyes antes de fundallas   45
les puso mi autoridad,
que la ley de una ciudad
es basa de sus murallas.
Mirad, pues siendo fundadas
para ejemplo a los futuros,   50
si he de dejar yo sus muros
sobre leyes quebrantadas.
Si mi grandeza es dejar

Imperio a mis sucesores,
perdonando transgresores   55
tendrán menos que heredar;
que esta corona imperial
que en Grecia desde mí empieza,
si le quito la entereza
no se la dejo cabal.   60
Pague, pues, justos enojos,
que dio a la ley y al marido,
que si yo hubiera incurrido
yo me sacara los ojos.

Filipo (Aparte.)   (¡Qué severa Majestad!   65
Templarla fuera malicia,
que es la mano la justicia
del brazo de la piedad.)
(Dentro.)   ¡Alejandro viva!

Todos   ¡Viva!

Rey   ¿De qué es esta aclamación?   70

Filipo   Algunos indicios son
de alguna nueva festiva,
mas que te la trae la infanta
se infiere de su alegría.

(Salen damas, Nise y Greguesco.)

Nise   ¡Llegó la esperanza mía   75
al logro de dicha tanta!

Rey   ¡Hija mía...!

Nise	Gran señor,
	si las voces de la fama
	no te han dado ya el aviso,
	buenas albricias me aguardan... 80
Rey	Seguras en mí las tienes
	sabiendo, Nise, la causa.
Nise	Alejandro, gran señor,
	que tus ínclitas escuadras
	vuelve a Grecia vitoriosas, 85
	de resplandor coronadas,
	que le da tu sangre ilustre
(Aparte.)	(y a mí de amores las alas).
	Él aviso me anticipa;
	permítele a mi esperanza 90
	que le estime esta fineza
	cuando mi pecho le aguarda,
	obedeciendo tu gusto,
	por digno dueño del alma.
Rey	Dos gustos, Nise, recibo 95
	con nueva tan deseada:
	uno, en ver lo que te estima
	tu primo, pues te adelanta
	la nueva, y yo la agradezco;
	otro, cuando la esperaba 100
	con tanto deseo, el gusto
	de ser tú quien me la traiga.
	¿Quién fue el mensajero?
Greguesco	Yo.
Rey	¿Quién sois vos?

Greguesco	¿Pues en las calzas no se ve? Yo soy Greguesco.

105

Rey	Ya de ti no me acordaba.

Greguesco	Vuestra Majestad, sin duda, come mucha mermelada, que hace olvidar los greguescos, si no es que por otra causa me desconozca...

110

Rey	¿Cuál es?

Greguesco	Que a puro correr jornadas traigo el nombre hecho pedazos, que para durar me basta.

Rey	¿Viene bueno mi sobrino?

115

Greguesco	Viene tan ancho de cara, que puede tomarse alforza y de los triunfos que gana por vos, tan hueco e hinchado que parece cuando anda que va respirando tíos.

120

Rey	¿Estuviste en la batalla?

Greguesco	¿Si estuve...? ¡Buena pregunta! No se me ha olvidado nada, ¡ve si estaba bien en ella!

125

Rey	¿Pues tú con qué tercio estabas?

13

Greguesco	Con un tercio de pescado
	que me duró una semana.

Rey	¡Bien pelearías con él!

Greguesco	Sí, señor, que me lo hurtaban.	130
	Víspera de Pascua fue	
	el día de la batalla,	
	y a mí y a otro como yo	
	por cabos salir nos mandan	
	de dos mangas de mosquetes;	135
	errando todas las cargas,	
	cogiéronlas y escurrimos,	
	mas no perdimos las mangas	
	porque salvamos los cabos.	
	Encerreme en mi barraca,	140
	mas luego al tercero día	
	salí a ver si las hallaba	
	para saber si eran buenas	
	las mangas después de Pascua.	

(Óyese dentro el toque de trompetas y cajas de guerra.)

	Pero ya, señor, los ecos	145
	de las trompetas y cajas	
	dicen que Alejandro llega	
	lleno de plumas y galas	
	y, pues sabes lo que sobra,	
	él te dirá lo que falta.	150

Nise	¡Qué bien suena en mis oídos
	el estruendo de las armas
	cuando vitorias de amor

con las de Marte se enlazan!

(Tocan cajas, sale Alejandro con bengala, botas, espuelas y soldados.)

Alejandro   Dad, gran señor, vuestra mano,   155
                              a quien hoy logra la fama
                              dos laureles, pues se mira
                              vencedor y a vuestras plantas.

Rey   Llega, Alejandro, a mis brazos,
                              pues es digno de honra tanta   160
                              quien con mi sangre y su esfuerzo
                              tan bien mi aliento retrata.
Alejandro   Nicanor vencido queda
                              y de Antígono la saña
                              tan rendida a tu poder   165
                              que Babilonia turbada
                              queda ahora más confusa
                              que cuando torres levanta.
                              Cortele el soberbio cuello
                              a Nicanor, que sus armas   170
                              gobernaba, y con afrenta
                              volvió Antígono la espalda.

Rey   ¿Pues cómo fue?

Alejandro   Desta suerte:
                              Oigan, que va de batalla.

(Habla.)

Alejandro   De Babilonia Antígono, furioso,   175
                              a la batalla a Nicanor envía
                              y a orillas del Éufrates caudaloso

a campaña salieron él y el día.
Dos ejércitos tuvo poderosos
y Babilonias dos el cristal vía,   180
pues su espejo otro ejército formaba
con otra Babilonia que él poblaba.
Sobre un fiero elefante un trono armado,
para más alta majestad decente,
conduce a Nicanor, que en él sentado   185
se ve al reflejo de su arnés luciente
con franjas de oro el trono rematado.
El adorno del bruto iba pendiente
haciendo entre el horror y la grandeza
fiero el adorno, hermosa la fiereza.   190
Iba el soberbio bruto a paso lento,
la tierra hollando la redonda planta,
áspero y liso el cuero ceniciento,
llenas de arrugas manos y garganta,
el aire empaña con el negro aliento,   195
alta la tosca testa con que espanta,
retorciendo la trompa a los colmillos
sobre los anchos dientes amarillos.
Yo con tu gente, poca y valerosa,
de la esperanza del laurel sedienta,   200
di vista a la ventaja numerosa
de la suya que en viéndome se alienta.
En un jardín, junto a una selva umbrosa,
mi gente con la cual me representa;
los golpes que los suyos prometían   205
no eran tantos como ellos parecían.
Sobre un caballo Nicanor me mira:
alto, robusto, dócil y brioso,
por la abierta nariz fuego respira,
tascando el freno inquieto y espumoso,   210
con las manos arena al aire tira;

barre el suelo la clin y presuroso,
al partir, por su oscuro color bayo,
parece nube de quien sale un rayo.
Puestos ya los dos campos frente a frente,   215
de la trompeta el ronco son horrendo
dio señal para el río la corriente;
las cajas el asombro repitiendo:
«¡Arma, arma!» Al horror hierve la gente,
párase el aire, rómpele el estruendo,   220
cierra la confusión, las armas suenan,
e instrumentos de guerra el campo atruenan.
No de otra suerte al suelo atemoriza
el cielo que de nubes se enmaraña,
cuando del rayo que el cabello eriza   225
cruje el trueno al desgarrar su densa entraña,
como el furioso choque escandaliza
el cristalino velo a quien empaña
humo y polvo, y el trueno de la guerra
asombra al cielo en nubes de la tierra.   230
Trabose la batalla y presumidos,
como de hambrientos cuervos banda espesa,
al cadáver del campo desunidos
se precipitan donde el hambre cesa;
se arrojan a nosotros atrevidos   235
imaginando en la segura presa
con fuerza hambrienta pero no bizarra,
cebar el pico sin fijar la garra.
Viendo yo desfilar sus escuadrones
en un cuerpo me uní para esperalle   240
y dejando correr sus batallones,
por medio de su ejército hice calle;
el furioso tropel de sus regiones
dio en vacío en el cóncavo del valle
y, como el brazo cuando el golpe ha errado,   245

su ejército quedó desconcertado.
Volví sobre ellos, que, sin orden, vagos,
un tercio a otro sin pensar herían,
dentadas hoces no hacen más estrago
en rubias mieses que tu gente hacía;   250
a su miedo bastaban mis amagos,
de su horror el ejército moría.
Erró el intento y yo dos veces cierro
porque me dio otra lanza con el yerro.
A Nicanor llamé a batalla sola,   255
vino en un alazán de manos blancas
que en el encuentro inquieto se enarbola,
conque las lanzas se pasaron francas.
Mas volví y falseándole la gola
le clavé la cabeza con las ancas,   260
quedando por blasón de castigallo
el penacho por cola del caballo.
La vitoria por mí luego se aclama:
huye Antígono, el reino se amedrenta,
Tolomeo la nueva oyó a la fama   265
y a tu poder el suyo unir intenta:
su hija, a quien el Fénix la hermosura llama,
del tuyo esposa viene a ser contenta.
Y yo de Nise pongo por la gloria
a tus pies la esperanza y la vitoria.   270

Rey   Mis brazos segunda vez
                       coronen tus alabanzas:
                       haz, Alejandro, con ellos
                       el laurel de tus hazañas.

Nise (Aparte.)   (Otro el alma le previene,   275
                       que ya en los míos le aguarda.)

Greguesco	Señor, pues ya de tus obras
	a mí parte no me alcanza,
	dame a mí un brazo de río,
	que eso por premio me basta; 280
	como a Irene, en él me metan.
Irene	¿Por qué...?
Greguesco	La razón es clara,
	porque tenga buena pesca.
Rey	Premio tendrá tu esperanza.
Greguesco	«Tendrá», señor, es futuro... 285
Rey	Más tienes en mi palabra.
Greguesco	Según esto, bien podré,
	si me muriese mañana,
	hacer testamento della.
Rey	Cierto es.
Greguesco	¿Y cabrá una manda 290
	de mil ducados a un niño
	que me está criando un ama...?
Rey	¿Hijos tienes?
Greguesco	Yo, señor,
	las tardes desocupadas
	suelo entretenerme en eso. 295
Rey	Pues sí cabrá.

Greguesco	Y para el alma, ¿qué podré mandar de misas que quepa en lo que me mandas?
Rey	Las que lleve tu conciencia.
Greguesco	Mucho cabe, que es muy ancha... 300
Rey	¿Y será el entierro en coche o en público?
Greguesco	¿Muchas hachas?
Rey	Las que quieras.
Greguesco	¿Y capilla?
Rey	Necio estás.
Greguesco	Es que yo andaba por saber tanto más cuánto 305 lo que valdrá tu palabra.
Rey	¿Nise?
Nise	¿Señor?
Rey	Esta nueva ya sin razón se dilata para tu hermano Demetrio: la tristeza que le acaba 310 podrá resistir con ella, pues esta vitoria enlaza

	la venida de su esposa,	
	que tanto aplaude la fama.	
	A darle voy el aviso.	315
Nise (Aparte.)	Señor... (¿Mas será ignorancia	
	decirle a mi padre yo	
	que mi hermano arde en la llama	
	amorosa de mi prima	
	y de su mal es la causa	320
	quererle casar con Fénix	
	cuando él a Aurora idolatra...?)	
Rey	¿Qué dices?	
Nise	Que si a Demetrio	
	le afligen tristezas tantas,	
	tratarle ahora de sus bodas	325
	será, señor, aumentarlas.	
Rey	¿No le ha de alegrar tal dicha?	
Nise	¿Sabes de su mal la causa...?	
Rey	No, mas cual fuere sea,	
	¿para vencerla no basta...?	330
	Yo voy a darle la nueva.	
Nise (Aparte.)	Señor, ve... (Mas él le mata	
	con lo que aliviarle piensa...)	
Rey	Pues tú, Alejandro, descansa,	
	mientras mi amor te previene	335
	premio que a tu esfuerzo iguala.	

Alejandro	El que yo espero, señor...
Rey	Yo lograré tu esperanza.
Greguesco	¿Y la mía, gran señor?
Rey	Ten cuenta con la palabra.
Greguesco	Yo tendré cuenta y rosario y camándula y diez...
Rey	Basta.

(Vase con Filipo, el acompañamiento y las damas.)

Alejandro	Ahora, Nise divina, de tu mano soberana se coronen los favores que alientan mis esperanzas.
Nise	Alejandro, con mis brazos, pues mi fe en ellos te aguarda, tus méritos se coronen por feliz dueño del alma.
Greguesco	Ahora, Irene, entra el coloquio lacayuno.
Irene	Necio, aguarda, que ahora toca a nuestros amos.
Greguesco	Dices bien, no me acordaba, que siempre se acaba el paso entre lacayo y lacaya.

340

345

350

355

Alejandro	¿Hay dicha como la mía?
Nise	Sola hay otra que la iguala.
Alejandro	¿Cuál es?
Nise	La que logro yo.
Alejandro	Digno soy della en tu gracia. 360
Nise	Mas la turba una sospecha...
Alejandro	¿Qué...?
Nise	Que no estar ajustadas ya las bodas de Demetrio dilatará mi esperanza.
Alejandro	¿Pues quién lo estorba?
Nise	Su gusto. 365
Alejandro	¿Cómo?
Nise	A mi prima idolatra.
Alejandro	¿Qué importa eso...?
Nise	El no poder ser la nuestra anticipada, y en el mar de amor al tiempo nunca hay segura bonanza. 370

Alejandro (Aparte.)	(¡Válgame el cielo! No sé
	qué recelo cobra el alma,
	que me la asalta esa duda.)

Nise (Aparte.)	(Y a mí el corazón me asalta	
	y no sé lo que acá dentro	375
	siento, que mueve mis ansias...)	
	Mas vete, que a saber voy	
	si el príncipe lo dilata.	

Alejandro	¿No me dirás lo que sientes?	
Nise	Sí dijera, si acertara.	380
Alejandro	¿Pues lo que sientes ignoras?	
Nise	Temor y amor son la causa.	
Alejandro	¿Y el efecto...?	
Nise	Siento y dudo.	
Alejandro	¿Pica mucho?	
Nise	El pecho abrasa.	
Alejandro	¿Y no sabes por qué pica?	385
Nise	No.	
Greguesco	Pues eso será sarna.	
Alejandro	Quita, loco. En fin, ¿lo dudas...?	

Nise	Oye cómo es.
Alejandro	Dilo.
Greguesco	Vaya.
[Nise]	Dentro del pecho siento de quererte
	un ardor que me obliga a desearte 390
	y un yelo esquivo en esta misma parte
	que del temor se engendra de perderte.
	Con el yelo el ardor se hace más fuerte,
	porque teme apagarse y fiel reparte
	las vivas llamas que encendió de amarte 395
	contra el lento peligro de su muerte.
	Crece el deseo de la llama amigo
	por ayudarle, y de crecer sediento,
	cobra más fuerza el yelo mi enemigo.
	Mira tú cuál será mi sentimiento 400
	porque lo sé sentir como lo digo,
	mas no lo sé decir como lo siento.
Greguesco	Digo que es sarna otra vez.
Alejandro	Pues, Nise, quien te idolatra,
	si esto sientes tú, ¿a qué pena 405
	tendrá asida su esperanza?
Nise	¿Pena tienes?
Alejandro	Sí, señora,
	escúchala.
Nise	Dila.

Greguesco	Vaya.
Alejandro	Solo vivo en la gloria de mirarte, solo muero en la pena de no verte, 410 no tengo mayor mal que el de perderte ni espero mayor bien que el de gozarte. Vida es cuanto me lleva a desearte, cuanto me aparta de tu vista es muerte, y si pudiera haber dolor más fuerte, 415 ése sintiera yo de no adorarte. Y si de tanto amor, de fe tan pura, seña quieres tener más verdadera, imagina, señora, tu hermosura, y en mirándote en ella, considera 420 siendo tanta de amarte la ventura, cuál la desdicha de perderte fuera.
Greguesco (Aparte.)	(Eso fuera sabañón que frío duele que rabia y estando caliente come.) 425
Nise	¡Ay Alejandro, que el alma se aflige con el temor!
Alejandro	¿Pues no es preciso en quien ama?
Nise	Y justo.
Alejandro	¿Pues qué remedio?
Nise	Ir a ver si lo dilata. 430
Alejandro	¿Quién?

26

Nise	El príncipe, mi hermano.	
Alejandro	¡Qué hermosa desconfianza!	
Nise	¡Qué galán te hace la duda!	
Alejandro	¿Pues este temor es gala?	
Nise	Es crédito de quien quiere.	435
Alejandro	¿Y es más galán quien más ama?	
Nise	La fineza el alma adorna.	
Alejandro	¿Quién ve el adorno del alma?	
Nise	Quien quiere de entendimiento.	
Alejandro	¿Pues la voluntad no basta?	440
Nise	No, porque esa no se ve.	
Alejandro	¿Por qué?	
Nise	Porque ella se arrastra.	
Alejandro	¿Luego el querer no es fineza?	
Nise	No si al discurso no pasa.	
Alejandro	¿Pues qué hace el discurso?	
Nise	Aquesto: quien con el discurso ama	445

solo quiere lo que es digno,
porque ve, elige y alcanza;
quien solo voluntad tiene
quiere aquello que le arrastra   450
sin ver lo que es porque es ciego
y ese mérito no gana;
porque si lo que apetece
le obliga a querer con ansia,
quien busca lo que desea,   455
su gusto es solo a quien ama.

Alejandro	¡Qué divino entendimiento!
Nise	¡Qué dichosas esperanzas!
Alejandro	Si se logran.
Nise	Eso temo.
Alejandro	¿Qué temes?
Nise	A la desgracia.

460

Alejandro	¿Por qué?
Nise	Es hija de amor grande.
Alejandro	Mucho es el mío.
Nise	Eso basta.
Alejandro	¿Qué es cierto?
Nise	Eso voy a ver.

Alejandro	Guíete amor.
Nise	Él me valga. ¡Qué galán desasosiego!
Alejandro	¡Qué hermosa desconfianza!
(Vanse.)	
Greguesco	¡Ay Irene, qué dulzura!
Irene	¿Qué dices?
Greguesco	Que se derrama: echemos en este almíbar un poco de calabaza.
Irene	¿Cómo ha de ser?
Greguesco	A los dos toca soneto por barba.
Irene	El tuyo di.
Greguesco	Va del mío, pintándote.
Irene	Venga.
Greguesco	Vaya. Es tal tu gracia, Irene, que al probarla da gloria a cuantos tratan de beberla. Tu rostro es el de un pez llamado merla

465

470

475

que nace en dos lagunas que hay en Parla.
Tus ojos son de aguja, que al pasarla
se pican muchos sastres por meterla;   480
pues lo que es tu nariz si fuera perla
no hubiera oro en Ofir con qué pagarla.
Cierta bola interior tus dientes birla,
tu barba a tener barba fuera borla
del pendón de tu rostro que almas turla.   485
Toda esta beldad tu boca chirla:
ves aquí tu retrato aunque sin orla,
en barba, verla, birla, borla y burla.

Irene   Oye el mío.

Greguesco   Ya le espero.

Irene   Pues escucha.

Greguesco   Venga.

Irene   Vaya.   490
                 Para pintarte, empiezo por la boca,
                 que es como de costal mas no tan seca,
                 porque de aficionada y no manteca
                 tienes siempre tanto moño que me coca.
                 Tus bigotes helados son de estopa,   495
                 a quien tu espada les sirvió de rueca.
                 En tu pie miró el zancarrón de Meca
                 y en tu nariz el albañal de Moca.
                 Toda tu habilidad es mala cuca,
                 contigo la limpieza se salpica,   500
                 el talle es de Babieca, el juicio de haca.
                 Es el pesebre quien te da en la nuca
                 y este retrato mi pincel te aplica

en cuca, coca, quica, quieca y caca.

Greguesco	¡Grande amor!	
Irene	¡Grande fineza!	505
Greguesco	¿Te vas?	
Irene	Sí, dueño del alma.	
Greguesco	¿Dónde?	
Irene	A merendar, si hay algo.	
Greguesco	¡Qué dolor!	
Irene	¿El beber agua?	
Greguesco	Calla, que esa voz me ha muerto.	
Irene	¡Oh mal haya mi desgracia!	510
Greguesco	¿Temes perderme?	
Irene	Si juego.	
Gregueco	¿Y jugarasme?	
Irene	A la taba. ¡Qué brío para el barreño!	
Greguesco	¡Qué harnero para la paja!	

(Vanse.)

(Salen músicos y Demetrio.)

Músicos	Desdichado del dolor que sanar dél es mayor.	515

Demetrio   ¡Ay de mí! Con cuanto escucho
crece mi delirio loco,
todo a lo que siento es poco
y a lo que padezco es mucho.   520
¡Oh infeliz Aurora! El medio
de vivir es olvidarte,
pero si dejo de amarte
mayor mal es el remedio.
Diga pues en mi tormento: 525

Músicos   Desdichado del dolor
que sanar dél es mayor.

Demetrio   No prosiga vuestro acento,
cantad a otro intento ya,
que le dobla su cuidado   530
la pena a un desesperado
cuando sabe que lo está.
Divertid con otro acento
el dolor en mis oídos,
que a veces por los sentidos   535
se engaña el entendimiento.

Músicos   Un mal que violento viene
muy poco puede durar,
porque al fin se ha de acabar
o acabar a quien le tiene.   540

(Sale Aurora.)

Aurora   Un mal que violento viene
                 muy poco puede durar,
                 porque al fin se ha de acabar
                 o acabar a quien le tiene.
                 Demetrio...

Demetrio   Aurora, ¿tú aquí   545
                 es aliviar mi dolor...?

Aurora   De que es el mío mayor
                 sobre esta canción que oí
                 por prueba un discurso haré:
(Aparte.)   (¡Casado, Demetrio, estás...!)   550

Demetrio   ¿Qué dices...?

Aurora   Oye y verás
                 si para aliviarte entré:
                 Un mal que violento viene,
                 muy poco puede durar,
                 porque al fin se ha de acabar   555
                 o acabar a quien le tiene.
                 Para ser más mi dolor,
                 casado, Demetrio, ya,
                 vida te dará mi ardor,
                 pues con mi muerte tu amor   560
                 de Fénix renacerá.
                 Fénix vida te previene
                 y mi ardor dos penas tiene
                 que son mi muerte y tu vida,
                 que no hace solo una herida   565
                 un mal que violento viene.

Y si durando tu ardor
se resiste al nuevo empleo,
es mi desdicha mayor,
pues siendo mío tu amor 570
con otro dueño te veo.
Y si dura, a mi pesar,
mi muerte le ha de apagar
o sin mí acabarse luego,
porque sin materia un fuego 575
muy poco puede durar.
Mira en tu amor empeñada
cuál, Demetrio, está mi vida:
si dura, desesperada,
si me quiere, desdichada, 580
y sin alma si me olvida.
¿Por qué el fuego ha de cesar?
¿Por qué a Fénix has de amar?
¿Por qué ella te ha de vencer?
¿Por qué sin mí no ha de arder? 585
¿Por qué al fin se ha de acabar?
Solo un consuelo hay aquí,
que el mismo dolor me dio
y es que en mí se acabe ansí,
que no ha de poder en mí 590
durar el mal más que yo.
Porque si a ofenderme viene,
con el rigor que previene,
o ha de darme más valor
o ha de templarse el dolor 595
o acabar a quien lo tiene.

Demetrio   Aurora, desesperado
me dejas con tu tristeza.
¿Qué es haberme yo trocado?

¿Qué es olvidar tu belleza?   600
¿Yo estar con Fénix casado...?
Primero que tan violento
el sí pronuncie mi labio
pronunciará en mí tormento
para no hacerte ese agravio.   605
Mi vida, el último aliento
que en ceniza antes volviera
mi ingrata mano sospecho
que a otro dueño se la diera
y si otro fuego no hubiera   610
me la quemara en el pecho.
La vida y el corazón,
que es vida, hiciera centellas:
alma, corona, opinión,
mas, ¿qué hiciera yo en perdellas   615
cuando sin ti nada son?

Aurora   ¿Esa palabra me das?

Demetrio   Ser tuyo o morir prometo.

Aurora   El rey viene... ¿Qué dirás?

Demetrio   Retírate tú y verás   620
                si me atará su respeto.

(Retírase Aurora y vanse los músicos.)

(Sale el rey.)

Rey   ¡Hijo, Demetrio!

Demetrio   ¿Señor...?

Rey	Tu grave melancolía
	en mí logra su dolor,
	pero presto su rigor	625
	se trocará en alegría.

Demetrio	De vuestro amor, padre, fío,
	que a esta pena rigurosa
	vencer quiera el desvarío.

Rey	Mira si es cierto, hijo mío,	630
	pues es ya Fénix tu esposa.

Demetrio   ¿Quién?

Rey	Fénix, a quien aclama
	por reina de la hermosura
	el aplauso de la fama.
	Su reina Egipto la llama,	635
	que tu corona asegura.

Aurora (Aparte.)   (¡Ay Demetrio, esto es perderte!)

Demetrio	Si mi temor, padre, os calla
	la causa de mal tan fuerte,
	ya en víspera de mi muerte	640
	fuerza será el confesalla:
	esta pena, este dolor
	a cuyos fieros enojos
	resiste en vano el valor,
	si no sabes qué es amor	645
	no me habrás visto los ojos.

Rey   ¿Amor? ¿De quién...?

Demetrio	Padre mío,
	si este nombre, como es ley,
	os templa en mi desvarío,
	porque no os tema el desvío, 650
	no me escuchéis como rey.
	Yo muero sin resistencia
	por encubrir este amor;
	siendo cierta mi obediencia,
	si el respeto me sentencia, 655
	¿para que temo el rigor
	que podéis hacer severo
	si en declararle os irrito
	más que yo, pues por mí muero?
	Si el decírtelo es delito, 660
	el de matarme es más fiero;
	y pues en mi triste muerte
	mi vida amparo no halla,
	muera al dolor menos fuerte,
	que es el rigor, pues mi suerte 665
	por Aurora...
Rey	¡Calla, calla!
	¡No sé cómo puedo ahora
	templarme en lo que he escuchado!
	¿Siendo tu vasalla Aurora,
	prefieres a quien señora 670
	de imperio es tan dilatado?
	A haber de tu error creído,
	sí, que en mi sangre cabía,
	ya te la hubiera vertido,
	mas es cierto que ha caído 675
	en la que no tienes mía.

Demetrio	Señor...
Rey	¿Qué intentas decir? ¡Con Fénix te has de casar, Demetrio, si has de vivir!
Demetrio	Pues si el remedio es morir, 680 señor, mándame matar.
Aurora (Aparte.)	(¡Cielos! ¿Qué escucho? ¡Oh, qué espero viendo su esquivo rigor!)
Rey	¿Qué dices?
Demetrio	Que pues yo muero, entre estas dos muertes quiero 685 la que es de menos dolor. Si mi amor a vuestra alteza ha de quitarme el vivir, muera yo de esa aspereza, que el lograr esta fineza 690 será alivio del morir. Que pues ya está el alma herida de amor, al impulso fuerte el golpe que me le impida no irá a quitarme la vida 695 sino a abreviarme la muerte. En mi sangre amor está, vuestra alteza la engendró, pues, ¿quién seguir mandará el precepto que me da 700 antes que el ser que me dio? Y si mi amor es mi ser, pues él mi aliento habilita,

cuando le llegue a vencer,
¿con qué le he de obedecer   705
si en el amor me le quita?
Si esa corona aficiona
por dármela vuestra alteza,
y mi vida no perdona,
¿de qué sirve la corona   710
si me quita la cabeza?
¿Estos afectos no son
mi mismo ser? ¿Es ajena
la sangre del corazón?
¿Hice yo mi inclinación?   715
¿Pues qué culpa me condena?
Advierta, pues, vuestra alteza,
aunque el respeto lo impida,
que de su amor no es fineza
ser padre de mi grandeza   720
y enemigo de mi vida.
Mas si no os puedo mover,
yo iré, señor, a morir;
la vida os puedo deber,
mas si me la hacéis volver,   725
no os queda más que pedir,
que el ser padre es razón fuerte
para que a su voz se mida
un hijo; mas si se advierte,
quien no le excusa la muerte   730
no le obligó con la vida.

(Vase.)

Rey   ¡Demetrio, hijo, escucha, espera!

Aurora (Aparte.)   (¡Ay de mí, sin alma voy!)

(Vase.)

Rey   Menor mal será que muera,
que si su error permitiera,   735
fuera faltar a quien soy.
Cese pues el casamiento
de Alejandro y Nise ahora,
que así remediar intento
que haga un loco pensamiento   740
una vasalla señora.

(Sale Greguesco con un papel.)

Greguesco   Dios me guíe en este intento.
Los pies, gran señor, me dad
y este don pobre aceptad.

Rey   ¿Qué es esto?

Greguesco   Obra al casamiento.   745

Rey (Aparte.)   (Disimular quiero, pues
con lo que he determinado
queda todo remediado
ya.) ¿Qué casamiento es?

Greguesco   Al príncipe obra importante.   750

Rey   ¿Pues qué es?

Greguesco   Un epitulamio
que le escribí en un andamio
porque no hay más consonantes.

40

Tiene clíticas radiantes,
coluros, celajes, rumbos,   755
cerúleos y otros retumbos
de poetas valintiantes,
que en vascuence poco a poco
trocar la lengua pretenden
y los que oyen no lo entienden   760
ni el que lo escribió tampoco:
su aplauso no ha de igualar
de Séneca una tragedia.

Rey   Mejor fuera una comedia.

Greguesco   Sí, mas la suelen silbar.   765

Rey   ¡Escribir bien!

Greguesco   No hay justicia:
si uno en un año una estrena
no hace nada, aunque sea buena;
si cada mes, con codicia,
una saca, no hay razón   770
que esto descontarle quiera.
Y en errando la primera
pierde la reputación.
Ni por dos buenas, ni aun ciento,
una mala se recibe.   775
Mas a favor del que escribe
trae la humanidad un cuento
contra el mal intencionado
que de espulgar la obra vive,
del que no es ángel y escribe.   780

Rey   ¿Y cómo es?

Greguesco	Va de contado, escribe Libio Cenacho.
Rey	¿Qué autor es este?
Greguesco	Moderno, que Polifemo un invierno, aquel gigante borracho, 785 más célebre que el de Olías...
Rey	Goliad era.
Greguesco	Es verdad, Golías o Goliad, —todo va por las folías— prendió a Ulises, hombre chico, 790 en su cueva y por la hazaña se sentó a silbar su caña con sus labios de borrico. De ocho o diez viejas harpías sobrino era Ulises y, 795 púsose a escribir allí la historia de Matatías; silbaba el bestión muy rojo y él decía en su papel: escriba yo y silbe él, 800 que yo le sacaré el ojo, aplicatis por sus modos aplicandus se ve el fin. Y esto se dice en latín, porque esto no es para todos. 805
Rey	Queja es justa.

Greguesco	Ya lo veo, mas hay gente tan injusta, que de una queja que es justa habla mal en un torneo.
Rey (Aparte.)	Llama a Alejandro. (El sosiego de Demetrio solicito, con lo que a Nise le quito.)	810
Greguesco	Ella y él de su luz ciego a tu presencia llegó.
Rey	Ceda a la razón de estado todo amoroso cuidado, que lo primero soy yo.	815

(Salen Nise y Aurora, damas, y Alejandro.)

Nise	Señor, del príncipe el llanto causado de tus desvíos trae a mi amor a tus plantas a solicitar su alivio.	820
Aurora (Aparte.)	(¡Cielos, si soy desdichada la muerte por medio os pido!)	
Alejandro	Si es de causa, gran señor, la tristeza de mi primo que puede tener remedio que se le deis os suplico, que lo primero es su vida.	825
Rey	Nise, Alejandro, sobrino,	

	a nadie más que a mí importa	830
	el sosiego de mi hijo,	
	siendo él para quien aumento	
	esta corona que ciño.	
	Su quietud está a mi cargo	
	y tanto por ella miro	835
	que lo que son premios vuestros	
	quiero enlazar con su alivio,	
	y por pagar a Alejandro	
	las deudas de sus servicios	
	le tengo casado ya.	840

Nise (Aparte.)   (¡Albricias, amor! ¿Qué he oído?)

Alejandro (Aparte.) (¡Cielos, ya es cierta mi dicha!)

Greguesco   ¡Alto! Líbrame, apellido,
                    grandeza, que en esta boda
                    de hongos hartarme imagino.   845

Alejandro   Siempre, señor, serán vuestras
                    las honras que yo recibo.

Rey   Tu prima Aurora es tu esposa,
                    que es en ti el premio más digno.

Alejandro (Aparte.) ¿Quién, señor...? (Muerto he quedado.)   850

Nise (Aparte.)   (¡Cielos, sin alma respiro!)

Aurora (Aparte.)   (El corazón se despulsa...)

Greguesco   Con la aurora ha anochecido.

Rey	¿De qué os turbáis?	
Greguesco	Se han helado porque al aurora hace frío.	855
Alejandro	Señor, yo..., vos..., si mi dicha...	
Rey	¿No es bastante ser marido de mi sobrina?	
Alejandro	Señor, siempre yo tuve creído que vuestro favor...	
Rey	Os diera el premio que os apercibo.	860
Alejandro	No sino a Nise.	
Rey	¿Qué Nise...? ¿Mi hija a vos? ¿Estáis sin juicio?	
Alejandro	Pues, señor, si erré en pensarlo que me deis licencia os pido.	865
Rey	¿De darle luego la mano?	
Alejandro	Si no, de que el retiro de una aldea sea sepulcro a mi dolor, si he perdido la esperanza.	
Rey	¿Qué esperanza? ¿No miráis que habláis conmigo?	870

Quien tuvo esperanzas locas
entréguelas al olvido
y no despreciéis osado,
premio, Alejandro, tan digno,   875
que si esta noche que el plazo
de casaros determino
no dais a Aurora la mano,
para inobedientes bríos
tienen cuellos las cabezas   880
y mis decretos, cuchillo.

(Vase.)

Greguesco   También tendrán horca y rollo,
                   y piedra en él, en su hijo...;
                   iba a decir otra cosa
                   que le suele hacer dar gritos.   885

Alejandro   ¡Cielos, yo perdí alma y vida!

Nise   Ni aliento para un suspiro
                   me ha quedado.

Aurora (Aparte.)   (Muerta soy,
                   de Alejandro me retiro
                   por no hacer más la desdicha...) 890

(Vase.)

Greguesco   Y yo a pensar un arbitrio
                   con que ese viejo, por viejo
                   quede peor que un vestido.

(Vase.)

| Nise (Aparte.) | (Ya no me mira Alejandro, | |
| | de que le perdí es indicio.) | 895 |

| Alejandro (Aparte.) | (Ya no llega a hablarme Nise, |
| | seña es de haberla perdido.) |

| Nise (Aparte.) | (Por no afligirla me voy.) |

| Aurora (Aparte.) | (Por no ofender me retiro.) |

| Nise (Aparte.) | (Mas, ¿esto no es más rigor?) | 900 |

| Alejandro (Aparte.) | (Mas, ¿esto no es más desvío?) |

Nise   ¡Alejandro!

Alejandro   Nise, a un tiempo
                    los dos, señora, volvimos,
                    seña es de que un solo móvil
                    rige nuestros albedríos.   905
                    Pero, ¿qué importa (¡ay de mí)
                    que estén de un móvil regidos
                    si cuando en el mar de amor
                    iba en bonanza el navío
                    de la voluntad, con velas   910
                    de afectos y de cariños,
                    siendo al imán del deseo
                    la esperanza el norte fijo,
                    la tormenta del poder
                    alborotó el mar tranquilo,   915
                    perdió el timón el temor,
                    que era al piloto el aviso?
                    Turbó el imán del deseo

47

y ya de todo perdido
el norte de la esperanza,   920
dio por escollo en el risco
de la desesperación,
donde, roto y desunido,
entregó al mar por despojos
los desmayados sentidos   925
que entre la espuma quedaron,
buscando para el peligro
de las ondas de su llanto
las tablas de los suspiros.

Nise   ¡Ay, Alejandro! ¡Ay, señor!   930
                ¿Qué tormenta fue?, ¿qué has dicho?
                ¿Yo, sin ti? ¿Yo he de perderte
                cuando tú...? En vano prosigo,
                si están hablando los ojos
                lo que en el labio repito.   935

Alejandro   ¡Ah, corazón desdichado,
                ahora tormentos míos!
                ¿Lloras, Nise?

Nise   Sí, Alejandro,
                no lo extrañes, pues has visto
                que aquí fue el Sol mi esperanza;   940
                yo el alba, que con sus visos
                lucía; salió el aurora,
                murieron luego los míos,
                porque el Sol siguió los suyos;
                y, como es común oficio   945
                de alba y aurora que viertan
                llanto y risa a un tiempo mismo,
                ella ríe lo que gana,

yo lloro lo que he perdido.

Alejandro   ¡Ay Nise, ay dueño del ama!   950
              ¿Yo he de perderte? ¿Qué has dicho?
              ¿Yo, de otro dueño? ¿Eso afirmas?
              Antes que ese precipicio,
              ¿no tiene rayos el cielo,
              venenos el artificio,   955
              congojas el corazón,
              el rey tu padre cuchillo?
              Y cuando me falte todo,
              ¿no tengo yo amor, bien mío?
              ¿Pues qué muerte más segura   960
              que ver tus ojos divinos
              e imaginar que los pierdo
              para morir a sus visos?

Nise   ¿Y será alivio tu muerte?

Alejandro   Para mi mal será alivio.   965

Nise   ¿Y para mí qué será?

Alejandro   Para ti no sé, imagino
              que es menor mal verme ajeno.

Nise   No, Alejandro, no lo admito.
              Mi padre es muy riguroso;   970
              pues mi desdicha lo quiso,
              dale ya la mano a Aurora
              y vivas felices siglos.

Alejandro   ¿A ese rigor me aconsejas?

Nise	¿Pues qué he de hacer si es preciso?	975
Alejandro	¿No lo embaraza la muerte?	
Nise	¿Y ella podrá hacerte mío?	
Alejandro	No, Nise, ¿pues qué remedio?	
Nise	Solo uno haber puede.	
Alejandro	Dilo.	
Nise	Irse ya para no verte.	980
Alejandro	¿Y ése es remedio o martirio?	
Nise	Vete, Alejandro, no des más fuerza al tormento mío...	
Alejandro	¿De ti quieres que me aparte?	
Nise	¡No me aflijas!	
Alejandro	Si te aflijo ya me voy...	985
Nise	¡Adiós, señor!	
Alejandro	Quédate a Dios, bien perdido...	
Nise	¿Así te vas?	
Alejandro	¿No lo mandas?	

Nise	Yo no sé.	
Alejandro	Por darte alivio.	
Nise	¿Pues es alivio dejarme?	990
Alejandro	¿No lo pides...?	
Nise	Sí, lo he dicho, mas basta ahora el deseo para saber lo que pido...	
Alejandro	¿Pues qué he de hacer?	
Nise	Esperar.	
Alejandro	¿Qué he de esperar?	
Nise	Otro alivio.	995
Alejandro	¿Cuál es, señora, qué dices?	
Nise	¡Qué sé yo lo que me digo!	
Alejandro	¿Qué alivio hay aquí?	
Nise	La muerte.	
Alejandro	Y aun no es cierta.	
Nise	El daño es mío.	
Alejandro	¡Qué breve es el desengaño!	1000

Nise	¡Qué dilatado el martirio! Mayor mal es detenerte...
Alejandro	¿Así te vas...?
Nise	Ya es preciso.
Alejandro	¡Qué desdicha!
Nise	¡Qué dolor!
Alejandro	¡Qué crueldad!
Nise	¡Qué delito! 1005
Alejandro	¡Sin mí voy!
Nise	¡Yo voy sin ti!
Alejandro	¡Perdí el ser!
Nise	¡Yo, el albedrío!
Alejandro	¡Adiós, pues, muerta esperanza!
Nise	¡Adiós, pues, tormento vivo!

Fin de la primera jornada

Jornada segunda

(Salen Aurora, con un lienzo en los ojos, e Irene.)

Irene	No llores tanto, señora,	1010
	que tu hermosura te avisa	
	que son envueltas en risa	
	las lágrimas del aurora.	
Aurora	¡Ay, Irene! ¿Qué he de hacer?	
	¿Quédale ya a mi pesar	1015
	más alivio que llorar,	
	más vida que padecer?	
Irene	Ya estás casada y tu amor	
	quiso malograr el cielo:	
	no gastes, pues, tu desvelo	1020
	en dar fuerzas al dolor.	
	Ya en tu desdicha no hay medio	
	y un triste en dolor igual	
	se consuela con su mal	
	cuando no tiene remedio.	1025
	Quien siente un dolor cruel	
	cuando es posible vencelle	
	pena más que en padecelle	
	en procurar salir dél;	
	mas quien es preciso sabe	1030
	juntar todo su valor	
	para sufrir el dolor	
	y eso le hace menos grave.	
Aurora	No me deja consolada	
	esa razón, ni ya siento	1035
	de estar casada el tormento	

sino el de estar mal casada.
Apenas la aurora bella
salir Alejandro vio
cuando dejó el lecho y yo   1040
quedé llorando con ella.

Irene   ¡Ay, señora! Esa pasión
tendrá remedio si quieres:
de las comunes mujeres
aprende aquesta lición.   1045
Mujeres hay de tal masa
que les diera con cadena
menos susto un alma en pena
que su esposo entrando en casa;
y viendo que es mal forzoso   1050
a puro fingir de miel
pasa a traguitos la hiel
del hígado de su esposo.
Más remedios no han fingido
las viejas para la cara   1055
que ella al venir tiene para
las cosas de su marido.
Si es triste dice: «¿Qué tienes,
dueño mío?, ¿qué dolor?
¿Pues no te alegra mi amor?   1060
¡Ay Dios, qué triste que vienes!
Hijo mío, ansí no estés,
mira que me das pesar...»
Y si le viera ahorcar
le tirara de los pies.   1065
Si le ve venir severo
dice: «Bien mío, ¿tú airado?
No quiero estés enojado,
¡ea, digo que no quiero!

	¡Templa ese enojo cruel!»	1070
	Y al cuello le echa los brazos	
	y para apretar los lazos	
	imagina que es cordel,	
	y fingiéndole un puchero	
	le enternece y le reporta,	1075
	que para comer le importa	
	saber manir el carnero.	
	Y tras esto, tanto espera	
	en el fin de su dolor	
	que le parece mejor	1080
	un luto que una pollera.	

Aurora	¡Ay pena esquiva y cruel!	
	Solo considero aquí	
	qué hará Demetrio sin mí,	
	pero, ¿qué haré yo sin él...?	1085
	Mas ¡ay de mí!, ¿quién ha entrado?	

| Irene | Tu esposo. | |

(Sale Demetrio.)

| Demetrio | No es, sino yo. | |

| Aurora | ¿Vos, señor? | |

Demetrio	Apenas vio	
	mi amor, ya desesperado,	
	que Alejandro estaba fuera	1090
	de tu cuarto, cuando en él	
	me entré a templar el cruel	
	ardor que me desespera.	

Aurora	Señor, ¿vos entráis aquí
	turbado y descolorido? 1095
	¿Qué es esto?
Demetrio	Haberse caído
	todo el cielo sobre mí.
	¿Vivo yo y tu desposada
	con otro? ¿Qué rabia es ésta?
Aurora	No os doy, señor, por respuesta 1100
	más de que estoy ya casada.
Demetrio	¿Qué dices? ¡Válgame el cielo!
	¿Ese desprecio te oí
	cuando hallar pensaba en ti
	de mi desdicha el consuelo? 1105
	No pensé yo, Aurora mía,
	que en ti cupiera mudanza;
	perder temí la esperanza,
	no la fe que en ti tenía,
	que amor que al correr no cesa 1110
	es al arroyuelo igual,
	que atajado su cristal
	se junta todo en la presa.
	No pensé yo en este empleo
	que fue presa de tu ardor 1115
	hallar más tibio el amor
	sino más vivo el deseo.
	Hallar pensé tu belleza,
	por su violencia importuna,
	quejosa con tu fortuna, 1120
	no esquiva con mi fineza,
	porque amarte cuando estás
	logrando brazos ajenos

	no era para hallarte menos	
	sino merecerte más.	1125
Aurora (Aparte.)	(Responde, honor: ¿qué he de hacer?	
	¡Dura ley, ciego pesar!	
	Si obligas a despreciar,	
	¿para qué dejas querer?)	
	Señor, ya trocada estoy	1130
	desde que llegué a casarme:	
	la desdicha fue trocarme,	
	mas ya trocada, otra soy.	
	Ni yo ignoro su pasión	
	ni mi amor, mas vuestra alteza	1135
	tampoco de mi nobleza	
	ignora la obligación.	
	Perdóneme, pues la sabe:	
	no oír lo que me condena,	
	que en mi amor cabe mi pena,	1140
	pero la suya no cabe.	
Demetrio	¡Oye, espera, Aurora infiel!,	
	¿tú me dejas de esa suerte?,	
	¿tú de parte de mi muerte	
	para hacerla más cruel?	1145
	Si también perdí tu amor	
	ya no tengo qué perder;	
	llegue, pues, ingrata, a ser	
	mi sentimiento furor.	
Aurora (Aparte.)	Señor (¡Empeño tirano!),	1150
	templaos..., ¿qué es esto, señor?	
Demetrio	Solo templaré mi ardor	
	con la nieve de tu mano;	

dámela, pues, homicida,
que si matarme te agrada,   1155
lo que era vida ganada,
será veneno perdida.

(Deja caer los guantes, uno dividido del otro.)

Aurora   Señor, advierta que está
                            tu alteza fuera de sí.

Demetrio   Pues si estuviera yo en mí,   1160
                            no me tuvieras tú allá.

Aurora (Aparte.)   (La resistencia se apura...)
                            Mira que eso es frenesí.

Demetrio   ¿Y eso no estimas en mí?

Aurora   No, señor, que una locura   1165
                            no obliga a amor ni a piedad.

Demetrio   ¿Tan mal pasa en su tormento
                            quien todo su entendimiento
                            da por una voluntad?
                            Pues ya que estoy de mí ajeno,   1170
                            que me restaure tu amor
                            quiero.

Aurora   ¿Qué intentáis, señor?

Demetrio   Que me mate este veneno.

(Intenta besar la mano de Aurora.)

Aurora (Aparte.)	(Mi pecho no es poderoso...
	Cielos, al honor apelo...) 1175
	Esperad...

(Dentro, Alejandro.)

Alejandro	¡Válgame el cielo!
Aurora	¿Qué es lo que escucho?
Irene	Tu esposo.
Aurora	¡Ay señor, salid de aquí!

(Salen Alejandro y Greguesco.)

Alejandro	En mi sombra tropecé
	para torcerme este pie. 1180
	Pero, ¿qué miro? ¡Ay de mí!
Greguesco	Yo también he tropezado.
Alejandro (Aparte.)	(¿El príncipe aquí...? ¿Qué es esto?
	¿Con Aurora descompuesto,
	descolorido y turbado...?) 1185
Greguesco	Bellacas señales son:
	sin duda, nuestros tobillos
	cayeron en los ladrillos
	y ellos en la tentación.
Demetrio	¿Primo?
Alejandro	¿Gran señor?

Demetrio (Aparte.)	(Yo muero.)	1190
	Hasta aquí os entré a buscar,	
	que os he menester hablar,	
(Aparte.)	pero en mi cuarto os espero.	
	(Al verle otro mal me mata...)	
(Vase.)		
Alejandro (Aparte.)	(¡Cielos, yo estoy sin sentido!)	1195
Aurora	¿Qué traes, señor?	
Alejandro	Heme torcido	
	este pie.	
Greguesco	Y yo aquesta pata,	
	mas no me salió el almagre.	
Aurora	Pues, señor, que andes te pido.	
Greguesco	Sí, por Dios, que un pie torcido	1200
	se puede volver vinagre.	
Alejandro	Dices bien, eso es mejor,	
	porque no cobre algún frío.	
(Aparte.)	(¿No basta un mal, honor mío...?)	
Aurora	¿Te ha dado mucho dolor?	1205
Alejandro	No, no es cosa de cuidado,	
	él cesará andando un poco.	
(Paseándose.)		
(Aparte.)	(¡Tente, pensamiento loco!)	

Greguesco	Yo me paseo a tu lado.
Irene	¿Pues caístes tú?
Greguesco	¡Bobería! 1210 ¿Siendo capitán? ¡Pues no!
Irene	¿Pues qué importa eso?
Greguesco	Que yo tropiezo de compañía.
Aurora (Aparte.)	(¡Turbado está el corazón!) ¿Sienteslo menos, bien mío? 1215
Irene (Aparte.)	(Eso sí, pesia a tu tío, ve tomando la lición.)
Alejandro (Vuelve a ella.)	El calor lo vencerá. ¿Habló el príncipe contigo?
Aurora	Pensó que estabas conmigo 1220 y entró a buscarte hasta acá. No dejes, señor, de andar.
Alejandro	Que va creciendo imagino.
Aurora	Pues anda.
Alejandro	¿Ha mucho que vino?
Aurora	Ahora acabó de entrar. 1225

(Vuelve.)

Alejandro (Aparte.)	¿Ahora? (Ésta fue la ocasión...)

Aurora	¿Y en qué caíste?

Alejandro   No sé,
                     pienso que no tropecé...
(Vuelve a pasearse.)   ... más que en mi imaginación.

Irene   Tu belleza lo apresura   1230
                     y ésa sería la ocasión.

Greguesco   No, que para un tropezón
                     no es menester hermosura.

Aurora (Aparte.)   (Cuando ese amor le desvele
                     de mí queda bien pagado.)   1235

Alejandro (Aparte.)   (¡Oh, qué fuerte es un cuidado!)
                     ¿Y entró solo?

(Vuelve.)

Greguesco (Aparte.)   (Allí le duele.)

Aurora (Aparte.)   Solo entró. (Mucho cuidado
                     le da... ¡Cielos, ¿si le oyó...?!)
                     Tu voz, señor, me dejó   1240
                     el corazón asustado.
                     ¿Te da ya menos desvelos?

Alejandro   Ahora más vivo está.
(Vuelve a pasearse.)   ¿Y ha entrado otra vez acá?

Aurora (Aparte.)	No, señor. (¿Qué es esto, cielos?)	1245

Greguesco (Aparte.)	(Algo asustada la veo...
	La pregunta es la ocasión,
	las primeras damas son
	que no gustan de paseo.)

Aurora	¿Quieres que adonde te heriste	1250
	te apriete una venda yo?	

Alejandro	¿A quién por mí preguntó?

Aurora	A mí.

(Vuelve muy enojado.)

Alejandro	¿Pues por qué saliste?

Aurora	Que erré sin culpa es testigo	
	el corazón que te adora.	1255

Irene (Aparte.)	(Ésa es la lición, señora.)

Alejandro	Yo no sé lo que me digo.	
	No puedes tú, Aurora, errar.	
	Vete, que el dolor me obliga	
	a no pensar lo que diga.	1260

Aurora	Aunque sea con pesar
	de que en despedirse tarde
	ese dolor, irme quiero,
	que obedecerte es primero.

Alejandro	Menos es ya; Dios te guarde.	1265

Irene (Aparte.)   (Eso es, señora, ficción.
Y dalle.)

Aurora (Aparte.)   (¡El vivir me va!)

Irene (Aparte.)   (Miren cuál la tengo ya,
solo con una lición.)

(Vanse.)

Alejandro   ¡Ay, de mí! ¡Ay, amor infiel!   1270
¿No bastó perder a Nise
sin que tu traición me avise
de otra pena más cruel?
Mas, ¡cielo, un guante he mirado
que al príncipe se cayó!   1275
Quien aquí un guante dejó
no estuvo muy sosegado...
Mas, ¿qué indicio es éste? En vano
lo dudo, pues da a entender
el guante que es menester   1280
que se le vaya a la mano.
¡Ay de mí, guardarle quiero,
no lo entienda ese criado!

Greguesco   ¡Ay señor, que aquí he topado
un indicio verdadero   1285
de más mal!

Alejandro   ¿Qué dices, necio?

Greguesco   Un guante que se ha caído,

	y que del príncipe ha sido se le conoce en el precio.	
Alejandro	¡Cielos, en solo un encuentro me prevenís todo el mal!	1290
Greguesco	Por Dios, que es mala señal, porque estaba muy adentro...	
Alejandro	¡Necio, loco, majadero, si se me cayó ahora a mí...! ¿Qué imaginas?	1295
Greguesco	¿Éste...?	
Alejandro	Si ves aquí su compañero, ¿tan presto tu pecho indicia ese malicioso error?	

(Saca el otro guante.)

Greguesco	Soy casa pobre, señor, y estoy hecha a la malicia.	1300
Alejandro	Pues para malicia tal, ¿qué indicios aquí se ven?	
Greguesco	Un guante que huele bien obliga a discurrir mal.	1305
Alejandro	¡Vete, villano, de aquí o te mataré!	

Greguesco	¡Ay, señor,
	temple Nise tu furor,
	que entra en tu cuarto!

| Alejandro | ¡Ay de mí...! |

(Salen damas y Nise.)

| Nise | Avisa, Laura, a mi prima. | 1310 |
| | Mas... ¡ay pesares!, ¿qué veo? | |

Alejandro	Veis, señora, a un infeliz,	
	a un triste y mísero objeto	
	de la pena y del dolor,	
	de desdichas un compuesto,	1315
	un venturoso, soñando,	
	un desdichado, despierto,	
	una muerte con que vivo,	
	una vida con que muero,	
	un cuerpo que está sin alma	1320
	y un alma que está sin cuerpo:	
	porque como os la entregué	
	y os la han sacado del pecho,	
	hallando el mío al volver	
	de ansias y pesares lleno	1325
	ni puede entrar en el mío	
	ni quiere que vuelva al vuestro.	

Nise	Creyendo que ya en su cuarto	
	no estuvierais, a ver vengo	
	a mi prima, mas estando,	1330
	me excusáis el cumplimiento.	

| Alejandro | ¡Tened, señora, esperad!, |

que si es ése vuestro intento
yo me iré porque mi esposa
logre los favores vuestros,   1335
que acaso podrá tocarme
después a mí parte dellos,
pues si ahora vuestro Sol
recibe Aurora en su pecho
cuando yo vuelva a sus brazos   1340
gozaré en ella el reflejo.

Nise   Esperad.

Alejandro   ¿Qué me mandáis?

Nise (Aparte.)   (Amor, dame sufrimiento
                    ya que me das esta pena,
                    que si me matan los celos   1345
                    también tú mueres conmigo.)
                    Que conozcáis que no quiero,
                    si logra Aurora mis rayos,
                    que hallar pueda algunos vuestros
                    entre los míos, que basta   1350
(Aparte.)   que de vos (¡No tengo aliento!)
                    los reciba sin que venga
                    a lográrselos mi pecho
                    por si le han quedado algunos.
                    Y ansí, aquel retrato vuestro   1355
                    que cuando yo imaginaba
(Aparte.)   que erais mío (Ya prevengo
                    que esto fue imaginación)
                    os pidió, si no el deseo,
                    digo el gusto..., no, el cariño...,   1360
(Aparte.)   la ausencia... (Con nada acierto...),
                    que os pedí estando en la guerra,

	donde esgrimiendo el acero	
	triunfante del enemigo	
	os retratasteis, os vuelvo.	1365
	Tomalde y mirad que lleva	
	de haber estado en mi pecho...	
(Aparte.)	mas... (¡Pero cielos, qué digo!	
	¡Adiós, que amor todo es yerros!)	

Alejandro   ¿Qué es lo que lleva, señora?   1370

Nise   Iba a decir...

Alejandro   Eso espero.

Nise   ... que de estar...

Alejandro   Decildo pues.

Nise   ...conmigo...

Alejandro   Yo lo padezco.

Nise (Aparte.)   ...lleva... (Mas no es tiempo ya...)

Alejandro   No me deis ese tormento   1375

Nise   Lleva mi alma, Alejandro.
                 Ya lo dije, ya lo peno;
                 mas sin habértelo dicho
                 pudieras tú conocerlo,
                 pues sabes bien lo que quise   1380
                 y no ignoras lo que siento.

Alejandro   Oye, señora...

Nise	¿Qué dices?	
Alejandro	¿Tú me das tal desconsuelo?	
Nise	¿Pues qué he de hacer?	
Alejandro	Darme alivio.	
Nise	¿Tantos son los que yo tengo?	1385
Alejandro	Pues no me des esta pena.	
Nise	Está el corazón tan hecho a darte de lo que tiene que por darte, aunque te pierdo, sin saber lo que es te da de lo que tiene allá dentro.	1390
Alejandro	¿Y es fineza?	
Nise	Sí, Alejandro.	
Alejandro	¿Dónde está?	
Nise	En lo que te vuelvo.	
Alejandro	¿Qué me vuelves?	
Nise	La memoria.	
Alejandro	¿Y la voluntad?	
Nise	No puedo.	1395

Alejandro	¿Por qué?
Nise	Porque la he perdido.
Alejandro	¿Perdido?
Nise	Pluguiera al cielo.
Alejandro	¿Tuve yo culpa?
Nise	No sé.
Alejandro	¿Y es fineza o puede serlo por volverme la memoria quitarme el entendimiento?
Nise	¿Pues te ha quedado esperanza?
Alejandro	Solo de morir la tengo.
Nise	¿Y yo la tengo de vida?
Alejandro	No, señora, ¿pues qué haremos?
Nise	Muera yo, pues te he perdido.
Alejandro	No viva yo, pues te pierdo.
Nise	¡Oh, violencia!
Alejandro	¡Oh, tiranía!
Nise	Que no me mires te ruego.

1400

1405

70

Alejandro	¿Eso pides?	
Nise	Y esto importa.	1410
Alejandro	¿Por qué si quedo muriendo?	
Nise	Por no llevar un alivio con que resista el tormento.	

(Vase.)

Greguesco (Aparte.)	(Ahora entra aquí el furor, va un doblón que hay manoteo.)	1415
Alejandro	¡Ay de mí!	
Greguesco (Aparte.)	(¡Ay de mí también!)	
Alejandro	¡Cielos!	
Greguesco (Aparte.)	(Miren si di en ello.)	
Alejandro	Para ahora eran los rayos.	
Greguesco	Señor, ¿vuelves al paseo?	
Alejandro	¡Ay que mi pecho se abrasa!	1420
Greguesco	¡Agua, señores! Llamemos las jeringas de la villa.	
Alejandro	¡Que me abraso...!	

Greguesco (Aparte.) (¡Que me quemo!)

Alejandro   ...en fuego de amor y honor!

Greguesco   Yo, de comer un pimiento.   1425

Alejandro   ¡Socorro, cielos!

Greguesco   ¡Socorro!

Alejandro   ¿No hay quien le traiga?

Greguesco   ¡Agua presto!

Alejandro   No basta.

Greguesco   ¡Pues venga vino!

Alejandro   Apaga, apaga el incendio.

Greguesco   Déjame entrar al tejado.   1430

Alejandro   ¿No ves que amor toca a fuego?

Greguesco   Es la verdad, dan, din, don.

Alejandro   ¿No lo has visto?

Greguesco   Ya lo veo.

Alejandro   ¿Pues qué esperas? ¿A qué aguardas?

Greguesco   Por Dios, señor, que paremos,   1435
                     porque no hay nuncios en Francia

y hay mucho de aquí a Toledo.

Alejandro   Tienes razón, ¡ay amigo!,
que no es de mi heroico pecho
esta desesperación;   1440
mas ¿qué he de hacer si vinieron
sobre el incendio de honor
que estaba en el alma ardiendo
las llamas de amor y, juntas
dos causas para un efecto,   1445
me quitó el fuego el valor
y el humo el entendimiento?
¿Mi primo —¡ay de mí!—, de Aurora
amante, atrevido y ciego?
Pues ahora reconozco   1450
que este amor era su empeño,
yo al mío desesperado:
¿qué es esto, piadosos cielos?
A un corazón afligido,
¿qué le dejáis por consuelo   1455
si era mi esposa su alivio
y está el alivio en un riesgo?

(Sale Demetrio.)

Demetrio   ¿Alejandro?

Greguesco   Otra qui volta.

Alejandro   ¿Señor?

Demetrio   Cierto que estáis necio;
cuando os espero en mi cuarto,   1460
¿vengo a deciros al vuestro?

	¿Os olvidáis desta suerte?
(Aparte.)	(De celos y envidia muero.)
	Aunque estéis recién casado,
	los cariños tienen tiempo 1465
	y no estorban la asistencia
	del príncipe.
Alejandro	Yo os la debo,
	mas mi esposa...
Demetrio	Bien está.
(Aparte.)	(Aun esto sufrir no puedo.)
	Vuestra asistencia esta noche 1470
	he menester, al empeño
	de una dama que visito.
(Aparte.)	(Sacarle de aquí pretendo
	y dejarle asegurado
	donde pueda darme tiempo 1475
	para lograr atrevido
	a costa de todo riesgo
	de tanto ardor el alivio.)
(A él.)	Y fío de vuestro aliento
	que me guardéis las espaldas. 1480
Greguesco	Yo soy bravo para eso.
Alejandro	¡Quita, necio!
Demetrio	Y vos también.
(Aparte.)	(Así aseguro mi intento.)
	Venid, pues.
Greguesco	No, sino no.
	Las espaldas, ¡vive el cielo!, 1485

que aunque fueran de tocino
las guardara entre tudescos.

Alejandro (Aparte.)   (Esto es querer deslumbrar
mi sospecha y yo no puedo
tener con él más que queja,   1490
que es mi príncipe, en efeto;
dársela yo no es cordura,
disimular que la tengo
es alentar su osadía...
Mas ya se me ofrece un medio   1495
que no sea queja y sea aviso
que le ataje sus intentos.)

Demetrio   Vamos, Alejandro.

Alejandro   Vamos...
Esperad, señor...

Demetrio   ¿Qué es eso?

Alejandro   Los guantes se os han caído.   1500

Demetrio   Os engañáis, que aquí dentro
no se me ha caído nada.

Alejandro   Sí, señor, que estos son vuestros.

Demetrio   ¿Míos son?

Alejandro   Sí, gran señor.

Demetrio   ¿O vuestros...?

Alejandro	Pues yo os los vuelvo.	1505
	Vuestros son, señor, sin duda,	
	que ahora aquí se os cayeron.	
	Tomaldos pues y advertid	
	que por estar más atento	
	a guardar bien lo que es mío	1510
	os vuelvo yo lo que es vuestro.	
Demetrio (Aparte.)	(Cuando vine a ver a Aurora	
	se me cayeron; mas esto	
	no es para sospechas.) Vamos.	
Alejandro	Ved que vais en un empeño.	1515
Demetrio	¿De qué?	
Alejandro	Los guantes, señor,	
	trae el príncipe compuestos	
	de buen olor, porque visten	
	la mano, que es instrumento	
	de tu liberalidad,	1520
	y el olor, sabe el discreto,	
	que es símbolo del honor,	
	pues por culto le ofrecemos	
	al altar en sacrificio;	
	y pues aquí se os cayeron,	1525
	por dar honor a mi cuarto	
	advertid que a este aposento	
	no ha de quitar vuestra mano	
	lo que los guantes le dieron.	
Demetrio (Aparte.)	(Ya él sospecha. Cuerdamente	1530
	me avisa, mas yo estoy ciego	
	y he de atropellar por todo.)	

	Siendo para honores vuestros	
	yo lo diera por ganancia	
	cuando llegara a perdellos.	1535
	Venid.	

Alejandro   Perderlos, señor,
                   no es posible en mi aposento.

Demetrio   ¿Por qué?

Alejandro   Porque en asistiros
                   me tenéis ya tan despierto
                   que es preciso que yo vea   1540
                   cuanto se os caiga aquí dentro.

Greguesco (Aparte.) (Muy mal güelen ya estos guantes
                   y que se vuelvan temo
                   para mi amo de venado
                   y para Aurora de perro.)   1545

(Vanse y sale Irene con luces.)

Irene   Luces salgo a prevenir
                   y pues sola me provoco,
                   de soliloquear un poco
                   licencia vengo a pedir.
                   Mosqueteros, a estas pocas   1550
                   coplas me dad la costumbre,
                   porque si ellas no dan lumbre
                   son de fuego vuestras bocas.
                   De honor y amor mi ama herida
                   se ve, y yo he de discurrir   1555
                   de qué nos viene a servir
                   el honor en esta vida,

aquesta mental bambolla
que es desdicha no tenella
y el que la tiene, con ella   1560
no puede poner la olla.
Si por su honra una mujer
vive a la Puerta Cerrada,
por fuerza ha de ir la cuitada
a San Francisco a comer.   1565
Honor la veda que acuda
a toda festividad,
honor la da gravedad
pero la tiene desnuda.
Honor la quita el paseo,   1570
honor la da siempre susto,
honor la priva del gusto
y no la quita el deseo.
Honor nos hace groseras,
pues ¿de qué discurso en esto   1575
sirve el honor si tras esto
no da pollos ni polleras?
Él las más noches condena
a ayuno a quien le ha tenido,
que parece que ha incurrido   1580
en la Bula de la Cena.
Y al contrario desta flor,
miren qué vida en la villa
para cualquier picarilla
que no sabe qué es honor: 1585
Ella se trata de holgar
y a esto solo está dipuesta;
ella vive a puerta abierta
y ninguno la va a hurtar;
ella todo lo ha de ver,   1590
su gusto a todo prefiere;

ella sale cuando quiere
y entra cuando ha menester.
No es pena faltarle el coche
y el tenerle es alegría;   1595
si no vendimia de día
sale a rebuscar de noche.
Si se tapa de medio ojo
cuanto quiere ser parece,
come de lo que apetece   1600
y no malpare de antojo.
Y en vida tan desigual
su gusto hace y no es error,
pues porque no tiene honor
a nadie parece mal.   1605
Pues, honor pataratero,
¿de qué sirves o has servido
si no me das lo que pido
y me quitas lo que quiero?
Mas ya el soliloquio cesa,   1610
pues salen Nise y Aurora,
que en este partido ahora
una juega, otra atraviesa;
y los músicos con ellas
a aumentar melancolías;   1615
si estas penas fueran mías,
¡qué presto saliera de ellas.

(Salen músicos, Nise y Aurora.)

Músicos   Corazón, pues tú quisiste
                        amar a quien te perdió,
                        que mueras o vivas triste,   1620
                        ¿qué culpa te tengo yo?

Nise	Aurora, a quien triste está nada alivia su desvelo.
Aurora	Cuando yo busco consuelo, poco tu pena me da. 1625
Nise	Es verdad y yo lo siento, Aurora, pero la mía es una melancolía de ignorar mi sentimiento; si ella tu pena aumentó 1630 ya en esta canción oíste:
Músicos	Que mueras o vivas triste, ¿qué culpa te tengo yo?
Aurora	Pues, señora, si tu pena no es alivio de la mía 1635 no puede darte alegría la que a mi pecho condena: yo peno por la tibieza que hallo en mi esposo, señora.
Nise	No es ese dolor, Aurora, 1640 alivio de mi tristeza.
Aurora	Pues irme será mejor, que mi preciso pesar ni puede el tuyo aliviar ni moderar su rigor 1645 y pues él no le causó, diré, como tú dijiste:
Músicos	Que mueras o vivas triste,

¿qué culpa te tengo yo?

(Vase.)

Nise   ¡Qué en vano son tus consejos!   1650
                     Aquí sola me dejad,
                     retiraos, pues, y cantad,
                     que os quiero oír desde lejos.

(Sale Demetrio.)

Demetrio   Ya a Alejandro asegurado
                     en una casa dejé,   1655
                     donde en otra puerta hallé
                     la ocasión que ya he logrado.
                     Él allí me ha de esperar
                     hasta que vuelva y, pues muero,
                     el alivio lograr quiero,   1660
                     que no me puede estorbar.
                     Mas ¡cielo!, a mi desvarío
                     la ocasión Aurora da:
                     ¡qué triste y suspensa está!
                     ¡Ay, hermoso dueño mío!,   1665
                     si mi padre te casó
                     y tú obedecer quisiste:

Músicos   Que mueras o vivas triste,
                     ¿qué culpa te tengo yo?

Nise   ¡Ay, cielos!, ¿quién está aquí?   1670

Demetrio   Yo, ingrata, yo: un desdichado
                     que de favor coronado
                     de tu hermosura me vi,

	y a pesar de tu desvelo,	
	salamandra de mi amor,	1675
	vengo a vivir en tu ardor	
	por no morir en tu yelo.	

Nise   ¡Cielos!, ¿qué es esto, señor?

Demetrio   ¿Aurora?

Nise   Detente, hermano.

Demetrio   ¿Qué miro? ¡Ay de mí! No en vano   1680
              creyó su dicha mi amor;
              como bien tan deseado,
              Aurora te imaginé,
              mas ¿cuándo a un triste no fue
              todo el bien imaginado?   1685
              ¡Ay Nise, aunque tu beldad
              ignore desta pasión
              que padezco la aflicción,
              no lo extrañe tu piedad!
              ¿Dónde está Aurora? ¡Ay de mí!   1690
              ¿Dónde está? ¿Dónde se fue?

Nise   Señor, ¿tu pasión no ve
              los riesgos que emprende aquí?
              ¿Qué buscas cuando advertir
              debes tan justos enojos?   1695

Demetrio   El veneno de sus ojos
              para acabar de morir.
              ¡Déjame entrar a buscalla!

Nise   Señor, mira que es ahora

	mi primo esposo de Aurora	1700
	y a mí me toca guardalla.	
Demetrio	No estoy para reparar,	
	Nise, ni para advertir.	
	Yo he de buscalla o morir.	
Nise (Aparte.)	(No he de poderle templar,	1705
	porque lo estorba su alteza;	
	mejor es que al rey avise	
	y débame, pues le quise,	
	Alejandro esta fineza.)	
	Señor, conociendo yo	1710
	el riesgo que te provoca	
	advertírtele me toca,	
	pero defenderle no.	

(Vase.)

Demetrio	Ya yo estoy desesperado	
	y seguro de su esposo,	1715
	y a lo menos voy dudoso	
	cuando lo más he logrado.	
	Mas si he de lograr mi amor	
	las luces quiero matar,	
Mata la luz.	que la luz no ha de ayudar	1720
	para apagar un ardor.	
	Con que no me vea la obligo	
	a lo que mi amor intenta,	
	que aun el cómplice en la afrenta	
	estorba como testigo.	1725

(Salen Alejandro y Greguesco.)

Alejandro	Ven tras mí.
Greguesco	Sin mí voy yo.
Alejandro	Luego su engaño pensé.
Greguesco	Por otra puerta se fue y a palacio se volvió.
Alejandro	Dejarme quiso seguro.
Greguesco	Mas olímosle la flor.
Demetrio	Ya dilatarlo es peor.
Alejandro	Mas todo el cuarto está oscuro...
Demetrio	Logre mi amor la ocasión.

1730

(Vase.)

Alejandro	Pasos siento y muy escasos, ¿qué haré?
Greguesco	¿Qué? Si sientes pasos, irte tras la procesión.
Alejandro	Cielos, ¿qué ocasiona esto? ¿Mi cuarto oscuro? Mas no..., si a él el príncipe volvió poco tengo que dudar. ¡Ay infelice, pues vi tanto indicio al primer paso...! Con el aliento me abraso,

1735

1740

	mas no es posible, ¡ay de mí!,	1745
	que si Aurora a estar no llega	
	muy ciega, ofensa me haga;	
	mas quien las luces apaga	
	no importa que no esté ciega...	
	Di, ¿vístelo bien?	
Greguesco	No entiendo.	1750
Alejandro	¿Salió el príncipe?	
Greguesco	Salió.	
Alejandro	¿Y volvió hacia acá?	
Greguesco	Volvió.	
Alejandro	¿Siguiéndole tú?	
Greguesco	Siguiendo.	
Alejandro	¡Cuál se fragua un mal!	
Greguesco	Se fragua.	
Alejandro	¡Destino es esto!	
Greguesco	Destino.	1755
Alejandro	¿Y vino a mi cuarto?	
Greguesco	Vino,	
	y pluguiera a Dios fuera agua.	

Alejandro   ¿Pues qué espera el dolor mío?
                   Pasos siento, el aire abraso.

(Saca la espada.)

Greguesco   Yo escurro, que en este paso   1760
                   no quiero ser el judío.

Alejandro   A dudar lo que haré llego,
                   que sin luz y con la ofensa
                   que dudosa el alma piensa,
                   vengo a estar dos veces ciego.   1765

Greguesco   Por dónde voy, ya de espanto
                   no sé; y pues este suceso
                   ha de salir luego impreso,
                   sacar dél no quiero un tanto.

(Sale el rey.)

Rey   ¡Extraña resolución!   1770
                   Mas ¿cómo aquí escuro está...?

Greguesco   No hallo la puerta.

(Sale Alejandro.)

Alejandro   ¿Quién va?

(Sale.)

Greguesco   ¡Oh, pesia a mi corazón,
                   que los cascos me han quebrado!

(Topa con el rey.)

Rey	¿Quién es que en todo tropieza?	1775
Greguesco	¡Ay señor, que de cabeza no estoy yo tan bien armado!	
Rey	¿Qué es esto? ¿Quién está aquí? ¡Criados, luces sacad! ¡Ah de mi guarda, llegad!	1780
Alejandro	¡Éste es el rey! ¡Ay de mí...! Disimular me conviene para asegurar mi honor.	
Rey	¡Ah de mi guarda!	

(Salen damas con luces, Nise y criados.)

Nise	¡Señor!, ¿qué es lo que tu voz previene?	1785
Alejandro	Señor, ¿para qué llamáis?	
Nise	¿Qué es esto?	
Alejandro (Aparte.)	(¡Ah, honor desdichado!)	
Greguesco	Si soy yo el descalabrado, ¿a quién se lo preguntáis?	
Rey (Aparte.)	(Disimularlo conviene por mi sobrino.)	1790

Alejandro	¡Ay de mí!
Rey	¿Quién estaba ahora aquí?
Alejandro	Señor, ¿pues qué duda tiene vuestra alteza?
Rey	Algún traidor de que he venido avisado 1795 causa me da este cuidado.
Alejandro	¿En mi cuarto?
Rey	Sí.
Alejandro	¡Ay honor!
Rey	Y todo he de verlo yo.

(Toma Alejandro la luz para acompañar al rey.)

Alejandro	Entrad... ¿A qué os detenéis?
Rey	A que al príncipe llaméis. 1800
Alejandro	¿Pues dónde está?
Rey	Adentro entró.
Alejandro	Pues, señor, a llamarle entro.
Rey	No. Yo he de entrar. Esperad.

(Sale Aurora huyendo del príncipe.)

Aurora	¡Cielos, mi honor amparad,	
	que el príncipe está aquí dentro!	1805
Alejandro	¡Ay de mí!, ¡empeño cruel...!	
(Sale Demetrio.)		
Demetrio (Aparte.)	(La ocasión he malogrado.)	
Greguesco (Aparte.)	(El lance viene rodado,	
	que es lo peor que hay en él.)	
Aurora	¡Señor, mi honor es testigo...!	1810
Rey	¿De qué os asustais, señora?	
Aurora	De ver que el príncipe ahora...	
Rey	El príncipe entró conmigo	
	porque avisados los dos	
	de una traición aquí entramos:	1815
	a escuras el cuarto hallamos	
	y acaso encontró con vos	
	porque él se arrojó delante	
	por el recelo que digo.	
Demetrio	Señor, yo...	
Rey	¿Entrasteis conmigo?	1820
Demetrio	Sí, señor, en este instante.	
Rey	¿Y como a escuras estaba	

	encontrasteis con Aurora...?	
Demetrio	Sí, señor.	
Rey	Siendo así, ¿ahora de qué os turbáis?	
Greguesco (Aparte.)	(¡Cuál la clava, oh viejo de mal consejo!)	1825
Alejandro (Aparte.)	(¡Un Etna es cuanto respiro!, ¡ya es cierto mi mal!)	
Greguesco (Aparte.)	(¿Qué miro?, ¡alcahuetico es el viejo!)	
Rey	¿Visteis [a] alguien?	
Demetrio	No, señor, solo todo el cuarto estaba.	1830
Greguesco (Aparte.)	(Al intento que él llevaba, eso le estaba mejor.)	
Rey (Aparte.)	(En causa tan afrentosa yo pondré freno a su error.) Alejandro.	1835
Alejandro	Gran señor.	
Rey	Retiraos con vuestra esposa.	
Alejandro	Pues, señor, ¿qué es lo que pasa?	

Rey	No habéis menester saber
	más de que importa tener 1840
	cuidado con vuestra casa.
Alejandro	No me dejan qué dudar
	razones tan evidentes.
Greguesco (Aparte.)	(Como el viejo está sin dientes
	nos la quiere hacer mamar...) 1845
Alejandro	Ya te obedezco, señor.
(Aparte.)	(Honor, dame sufrimiento:
	o muera mi pensamiento
	o máteme su dolor.)
(Aparte.)	Ven, Aurora. (Amenazalla 1850
	es error.)
Aurora (Aparte.)	(Yo voy sin vida.)
Alejandro (Aparte.)	(Honor, ya es cierta la herida,
	lo que ahora importa es curalla.)
Vanse los dos.	
Rey	Vete, Nise.
Nise	Ya te dejo.
(Aparte.)	(Y al dolor el alma rindo.) 1855
Rey	Retiraos todos.
(Vanse todos y queda el rey y Demetrio.)	
Greguesco (Aparte.)	(¡Qué lindo
	alcahuetico es el viejo!)

91

(Vase.)

Rey

Ya estamos solos, Demetrio,
y ya el fingimiento cesa,
que obrar allí como padre   1860
y aquí como rey es fuerza:
como padre te saqué
del peligro, que una ofensa
hecha a un vasallo leal
es en el príncipe afrenta.   1865
El príncipe a dar se obliga
honor a quien le merezca,
que cuanto da al buen vasallo
crece más en su grandeza
y cuando el honor le ofende   1870
verá que le falta della
lo que al vasallo le quita
y lo que darle pudiera.
Premio y castigo en la mano
ha de tener el que reina,   1875
no injurias, no, porque tienen
contrarias naturalezas
y unas a otras se excluyen;
y así, cuando con violencia
toma la injuria en la mano   1880
se le caen las otras della.
A dos peligros te arrojas,
Demetrio, en acción tan fea:
uno la alteza te quita
y otro la vida te arriesga.   1885
La alteza, porque la injuria
te quita de rey las señas;
la vida, porque no tienes

respeto que la defienda,
pues si el temor de perderte   1890
el respeto es la defensa,
cuando no pareces rey
no tienes quien te defienda.
El horror del sacrilegio
en quien contra el rey pelea   1895
le acobarda los impulsos
con que de ofenderle tiembla,
mas si en la injuria la insignia
de tirano es la que llevas
no es sacrílega la mano   1900
del que no te la respeta.
Como padre esto te advierto
y como rey mi entereza
os avisa de que tengo
castigos para el que yerra,   1905
y no penséis que por ser
hijo mío os lo suspenda,
porque, como rey, también
soy padre del que se queja.
La sangre de mis vasallos   1910
como rey tengo en mis venas,
vos seréis de la mejor
mas ellos son della mesma.
La del corazón del rey
es la justicia: temedla,   1915
que aunque sois sangre, es la sangre
del corazón la primera.
Y para que no dudéis
el rigor de mi sentencia,
vos a mis ojos ahora   1920
de quien sois no tenéis señas.
Yo, en dejar de castigaros,

	la insignia de rey perdiera	
	y me pareciera a vos,	
	mirad ahora si es cierta...	1925
Demetrio	Pues ya que me la amenaza,	
	deténgase vuestra alteza.	
Rey	¿Qué he de oíros?	
Demetrio	Mi razón.	
Rey	¿Razón hay para una ofensa?	
Demetrio	Sí, señor.	
Rey	No la digáis.	1930
Demetrio	¿Pues será mejor que muera?	
Rey	Sí, morid.	
Demetrio	Pues eso haré	
	si el amor no me despeña.	
Rey	Pues, príncipe, la justicia	
	aun a mí no me reserva,	1935
	que aunque el cielo lo ejecuta	
	en el rey, súbdito es della;	
	la ley es común a todos,	
	no faltéis a su obediencia,	
	que La fuerza de la ley	1940
	es más que la de esa peña.	
Demetrio	¿Pues qué he de hacer?	

Rey	Olvidalla.
Demetrio	No es posible.
Rey	Ni el quererla.
Demetrio	¿Y mi vida?
Rey	Déjame,
	Demetrio, que me atormentas.
	Mas yo a tan violento daño
	pondré el remedio en la ausencia.
Demetrio	Yo moriré a su rigor
	si no hay alivio a mi pena.

1945

Fin de la segunda jornada

Jornada tercera

(Salen músicos, el Rey y Nise.)

Nise   Templa tu riguridad,   1950
                      señor, en esta ocasión.

Rey   ¿Pues tan injusta pasión
                      puede mover a piedad?

Nise   Si ya has llegado a quitalle
                      la vista de Aurora bella   1955
                      —pues Alejandro con ella
                      vive en la Quinta del Valle—,
                      no le des el desconsuelo
                      al príncipe en su dolor
                      de no verle, pues su amor   1960
                      causa violencia del cielo:
                      la que a esta pasión le obliga
                      estrella enemiga es
                      y no es razón que tú estés
                      de parte de su enemiga.   1965

Rey   Por vencer su obstinación
                      mi atención condena ahora
                      a Alejandro con Aurora
                      a un destierro sin razón.
                      Pues si este rigor es justo, 1970
                      ¿quieres que piadoso sea
                      con un delito, y que vea
                      llorar amor tan injusto?
                      Consuela tú su tormento,
                      que eso te está bien a ti,   1975
                      que harta piedad es en mí

permitir su sentimiento.

Nise   Éste es su cuarto, aquí está.
Yo mi música he traído
para aliviarle y te pido   1980
que le veas.

Rey   No podrá
mi entereza cuando ofrece
tanta culpa su rigor,
que la causa del dolor
le infama lo que padece.   1985
Consuélele tu fineza,
que yo voy a prevenir
que salgas a divertir
hoy al campo su tristeza.

(Vase.)

Nise   ¡Oh pena tan desdichada,   1990
que me obligas a callar!
¿Vengo para consolar
yo o para ser consolada?
Cantad ya, pues ya se ofrece
el príncipe allí asentado: 1995
en lo sufrido y callado,
bulto de piedra parece.

Músicos   De los rigores de amor
muriendo Demetrio está,
nunca más quejosa el alma   2000
ni con menos libertad.

(Descúbrese Demetrio sentado, mirando un retrato.)

Demetrio	¡Ay de mí! ¡Ay divina Aurora!	
	¿Viéndote yo no me ves?	
Nise	¡Hermano, señor...!	
Demetrio	¿Quién es?	
Nise	Quien más por tu pena llora;	2005
	bien sabe amor que es verdad.	
Demetrio	¡Ay, no sé!, ¡ay, hermana mía!,	
	si esta violenta porfía	
	mueve tu pecho a piedad,	
	no extrañes que a este retrato	2010
	haga testigo mi amor	
	de la razón de su ardor.	
Nise	No es tu dolor muy ingrato	
	si ese alivio te dejó,	
	aunque sus ansias te ultrajen.	2015
Demetrio	¿Pueden quitarme su imagen	
	teniendo memoria yo,	
	que justamente me apura?	
	Mira, Nise..., mas, primero,	
	perdóname estar grosero	2024
	delante de tu hermosura;	
	cuando yo este rostro veo,	
	no hago mi dolor dichoso:	
	¿puede rostro tan hermoso	
	hacer mi delito feo?	2025
	Mira este limpio cabello	
	que vence al oro de Ofir:	

¿tengo yo culpa en morir
con estos lazos al cuello?
¿Hay quien culpe mis empleos   2030
viendo a esta frente el candor,
si dan los tiros de amor
este blanco a mis deseos?
Sus bellos ojos no extrañes
al uso de amor vestidos,   2035
pues los tiene guarnecidos
de puntas y de pestañas.
Estas mejillas hermosas,
¿no dan flores mil a mil?
¿Yerro en pensar que es abril   2040
quien lleva siempre estas rosas?
Su labio, al nácar igual,
¿no disculpa la osadía
de entregarme amor que cría
tan finísimo coral?   2045
Las finas perlas agudas
de sus dientes, que al cogerlas,
las dio el amor siendo perlas
más precio por ser menudas;
su cuello, nieve que abrasa,   2050
basa es del rostro hasta el pecho,
y de alabastro está hecho
porque le sirva de basa.
¿Quién condena, si esto veo,
que arrastre en esta fineza   2055
el imán de esta belleza
al yerro de mi deseo?

Nise (Aparte.)   Nadie. (¿Cuando estoy yo aquí
de mi desdicha celosa,
pintármela muy hermosa   2060

es consuelo para mí...?)
Tienes, hermano, razón;
procúrate divertir.

Demetrio   ¡Ay, Nise, yo he de morir!
                  ¡No hay remedio a mi pasión!   2065

Nise   Cantad, sea el dulce acento,
                  suspendiendo su rigor,
                  la tregua de tu dolor,
(Aparte.)   (pero no de mi tormento.)

Músicos   Dos corazones heridos   2070
                  de una misma enfermedad,
                  ambos se daban la muerte
                  por no decir la verdad.

Demetrio   ¿Qué es esto, Nise? ¿Tú lloras?

Nise   Hermano, siento tu mal,   2075
                  que aunque no sé que es amor
(Aparte.)   (¡oh si esto fuera verdad!),
                  al oír aquella letra
                  me llegó al alma el pesar,
                  porque al verte padecer   2080
                  por ver que gozando está
                  otro dueño esa hermosura,
                  como en nuestros pechos hay
                  una misma sangre, tiene
                  tal simpatía tu mal   2085
                  con mi propio sentimiento,
                  que siento yo ese pesar
                  del mismo modo que tú;
                  y cuando llorando estás

que él la goza, yo también   2090
lloro eso mismo y aun más:
porque tu sientes perderla,
yo, que él la llegue a gozar;
tú, que es hermosa y no es tuya,
yo, que eso le empeña más;   2095
tú, que sea culpa tu pena,
yo, que es afrenta el llorar;
tú padeces en la queja,
yo, en un silencio mortal;
tú lo explicas, yo lo callo;   2100
en mí es Etna, en ti volcán;
tú te abrasas y yo lloro;
tú eres fuego y yo cristal.
Porque en esta pena somos,
para padecerla más,   2105
dos corazones heridos
de una misma enfermedad.

Demetrio   ¡Ay Nise, que yo también
doblé al oírla mi mal!,
porque me acordó esa letra   2110
que cuando pude gozar
de los favores de Aurora
los malogró en su beldad
el callar yo mi temor
y ella su ardor inmortal;   2115
pues al decir que mi padre
me trataba de casar,
ella su amor confesara
y obligada dello ya,
la posesión de los dos   2120
fuera estorbo deste mal.
Mas ella por su recato,

yo, por temerla enojar;
ella encubrió su fineza,
yo disimulé mi afán;   2125
ella mintió su desdén,
yo mentí el riesgo a mi mal;
ella encubría su afecto,
yo callaba mi pesar;
yo, temeroso; ella, honesta;   2130
yo, asustado; ella, sagaz;
yo, en mi riesgo; ella, en su honor;
cobarde, uno; otro, leal;
nuestros finos corazones,
callando y sufriendo más,   2135
ambos se daban la muerte
por no decir la verdad.
Mas me aflige esta memoria:
¿es posible que no hay
remedio para mi pena,   2140
que he de morir...? ¿La piedad
falta para una desdicha?
Pues, ¿dónde, cielos, está?

Nise   Señor, hermano, procura
              vencer tu pena. Este mal   2145
              tiene imposible el remedio:
              casado Alejandro está
              —él vive ya de la corte
              desterrado a su pesar—,
              y quieto ya en su sospecha   2150
              viendo a su esposa leal
              y que tú te has sosegado.

Demetrio   ¡No es posible! En vano das
              consejos a mi dolor.

| | ¡Cielos, yo muero! ¡Cantad! | 2155 |

Nise   Siéntate, hermano, sosiega.

Demetrio   ¿Qué sosiego bastará?

Músicos   Las saetas de los celos
                atormentándole están,
                que quien supo querer bien   2160
                no olvidar supo jamás.

(Duérmese Demetrio.)

Nise   ¡Ay de mí, qué duras puntas!
                Durmiendo el príncipe está;
                su dolor le habrá rendido.
                ¿Señor? ¿Hermano...? Cesad,   2165
                retiraos todos, no quiero
                este alivio malograr
                a un triste, que cuando duerme
                sin sentimientos está.
                Voyme; mas dudo si el sueño   2170
                es cautela de su mal,
                porque hace nuevo el dolor
                en volviendo a despertar.

(Vase.)

(Sale Alejandro.)

Alejandro   Porque hoy le asista en el campo
                me llama el rey. ¿Dónde va   2175
                mi obediencia, si de Nise
                vengo al peligro mortal?

Pero mi primo está aquí;
el fuego de honor, que está
cubierto ya de cenizas,   2180
arde en su presencia más.
Mas, ¿qué digo? ¿De mi esposa
no tengo seguridad?
¿A prueba de mis sospechas
no está su pecho leal?   2185
¿Y el príncipe no ha olvidado
ya su ciega voluntad
desde que vivo en la Quinta?
Es príncipe: claro está
que ha de vencer su grandeza.   2190
¿Duerme...? Sí, quiero llegar...
Mas esto es atrevimiento...
No, que licencia me dan,
ya de su intento olvidado,
el amor y la amistad.   2195
Pero un retrato en la mano
tiene... ¡Oh cielos! ¿Quién será?
Alguna dama, sin duda,
que asiste, por olvidar
las ofensas de mi honor.   2200
Quien es veré. Es liviandad;
sea quien fuere, ¿para qué
su gusto he de averiguar?
Y aunque él lo ignora, ¿en mí es culpa?
Mas si se asegura más   2205
mi quietud viendo a quién ama,
¿por qué no lo he de mirar...?
Llego pues... ¡Cielos! ¿Qué miro?
Ojos, ¿cómo no cegáis?
Mas yo lo estoy, que a perder   2210
llegué la luz que tenía.

Sombra de mi fantasía,
pues no tienes otro ser,
sombra que te llego a ver,
sombra mi labio te nombra;   2215
y más por sombra me asombra,
porque infiere el alma atenta
que tiene cuerpo mi afrenta,
pues nace della esta sombra.
Yo te imaginaba honrada,   2220
mas ya temo tu traición,
que no es firme tu opinión
pues estás ya retratada.
Mirándome estás pintada;
¿cómo me miras, mujer?,   2225
¿no me llegas a temer?
Mas siendo tal mi furor,
pues me miras sin temor,
no me debes de ofender.
Mas, ¿qué dudo si el pincel   2230
tiene mi afrenta pintada?
No eres tú la retratada,
sino mi agravio cruel;
y pues el pintado es él,
cierta es mi pena mortal: 2235
traslado eres de mi mal,
que aunque lo niegue mi labio,
si hay retrato de mi agravio,
también hubo original.
Príncipe injusto y tirano,   2240
ya de ti no hay que esperar;
pues me quieres afrentar
y está mi afrenta en tu mano,
ya que eres tan inhumano,
disimularás tu error.   2245

De mi deshonra pintor
has sido; mas, ¿qué te pido
si encubrirla no has podido
dándola tanto color?
¡Cielos, a darle la muerte   2250
me incita el dolor airado!,
pero, ¡tente, impulso osado!
y que es mi príncipe advierte.
Ruido haré porque despierte...

(Hace ruido.)   Pero no vuelve... Y ya advierto   2255
que es mi príncipe y concierto
del cielo para templarme,
porque si intento vengarme,
me le enseña como muerto.
Mas ya al discurso enemigo   2260
debo un aviso: el retrato
que me volvió el pecho ingrato
de Nise traigo conmigo;
a trocársele me obligo.
Con la espada en mi defensa   2265
pintado estoy; bien lo piensa
en trocarle mi esperanza,
pues le pinto la venganza
a quien me pintó la ofensa.

(Toma el retrato que tiene el príncipe, déjale otro en su lugar y vase.)

Demetrio   ¡Tente, primo, mi deseo   2270
ya a mi pesar reprimí!
¿Tú el acero contra mí?
¿Dónde? Mas cielos, ¿qué veo?

(Despierta y ve el retrato.)

Con nuevo asombro peleo,
cuando Alejandro me asombra   2275
y en sueños mi voz le nombra,
le hallo aquí en el mismo empeño.
Pero, ¡qué mucho que a un sueño
se le parezca una sombra!
¡Hola! Mi asombro es preciso...   2280
¿Quién entró? Nadie responde.
Mas, ¿qué dudas caben donde
es lo que dudo un aviso?
Aquí entró Alejandro y quiso
avisarme como honrado: 2285
su razón me ha despertado,
que quien pintado horror da
será vivo lo que va
de lo vivo a lo pintado.
Mas templarme es cobardía: 2290
cuando a mi mano llegó,
¿del que a tanto se atrevió
perdono yo la osadía?
Pedazos, traidor, te haría,
y pues amagando en vano   2295
me está tu impulso villano,
solo a arrojarte me irrito,
que es fomentar tu delito
tenerte más en la mano.

(Arroja el retrato.)

(Sale Greguesco con un azafate de ramilletes.)

Greguesco   ¡Dejadme entrar, epicuros!   2300

Demetrio   ¿Qué es eso?

Greguesco	Señor, tu gente pasar no deja un presente.
Demetrio	¿Por qué?
Greguesco	Son hombres futuros.
Demetrio	¿Qué traéis?
Greguesco	Las flores, señor, que el jardinero te envía 2305 de la Quinta cada día, de quien soy yo el portador, aunque nunca a darme un corte mis muchos pasos te obligan, siquiera porque no digan 2310 que soy hombre de mal porte.
Demetrio	Yo pagaré al portador.
Greguesco	¿Pagaré?
Demetrio	Sí, no lo ignores.
Greguesco	¿Y qué es «pagaré»...?
Demetrio	Las flores.
Greguesco	¡Pues eso también es flor! 2315
Demetrio	¿No me fiáis?
Greguesco	Ni a mi madre

la fiara yo el pagar.

Demetrio   ¿Por qué?

Greguesco   Porque por fiar
                   perdió su hacienda mi padre.

Demetrio (Aparte.) (En un ramillete destos   2320
                   de Irene suelo tener
                   un papel, y éste ha de ser.)

Greguesco   Todos están bien compuestos;
                   toma, señor, cual quisieres.

Demetrio   A veces por el mejor   2325
                   suele escogerse el peor.

Greguesco   Ansí lo hacen las mujeres.

Demetrio (Aparte.) (Ya lo siento entre las flores.)
                   ¿Cómo está mi prima? Di.

Greguesco (Aparte.) (De él me he de vengar aquí.)   2330
                   Señor, muerta...

Demetrio   ¿Qué?

Greguesco   ...de amores
                   de quien por ella está loco.

Demetrio   ¿Quién?

Greguesco   Alejandro es su encanto.

Demetrio	¿Pues tanto la quiere?	
Greguesco	Tanto que a ella le parece poco, pero tienen mil cuestiones siempre por esta porfía y así se están todo el día.	2335
Demetrio	¿Cómo?	
Greguesco	Como dos pichones.	
Demetrio (Aparte.)	(Oíllo aún siente mi pasión; deste loco sacar quiero el papel que ver espero.) ¿Y eso es reñir?	2340
Greguesco	Con razón, pues porque ella no le goce él, que es más tibio en querer, se acuesta al anochecer y se levanta a las doce. Mire si es justa queja ésta, pues la hace esta compañía y no le da en todo el día más de tres horas de siesta. Y como ella ve que tiene tal tibieza, siempre está: «Alejandro», si se va; «Alejandro», si se viene; Alejandro es su porfía; Alejandro es su festín. Y ha hecho plantar un jardín de rosas de Alejandría,	2345 2350 2355

	y ha hecho que venga un Tebandro,	2360
	maestro que fue de Tiburcio,	
	a enseñarla en Quinto Curcio,	
	por leer cosas de Alejandro.	
	Y un correo por templalla	
	cada día viene y va,	2365
	solo a saber cómo está	
	a Alejandría de la Palla.	
Demetrio (Aparte.)	(Ya le saqué. Verle ahora	
	quiero, sin dar al deseo	
	más dilación... Mas, ¿qué veo?	2370
	¡Este papel es de Aurora!)	
Greguesco (Aparte.)	(¡Cielo, si soy yo alcahuete,	
	que el príncipe ha recatado	
	allí un papel y se ha estado	
	escarbando el ramillete!	2375
	No es mala la invencioncilla;	
	que no juegan mal, sospecho,	
	a los trucos, si me han hecho	
	alcahuete por tablilla.)	
Demetrio (Aparte.)	(Despedir quiero al criado	2380
	por ver lo que amor promete.)	
	Vete pues.	
Greguesco	¿No más de «vete»	
	a secas?	
Demetrio	Quedo obligado.	
Greguesco	Malo estáis; jamás, por Dios,	
	tan mal me habéis parecido.	2385

Demetrio	¿Mal parezco? ¿Por qué ha sido?
Greguesco	No voy pagado de vos.
Demetrio	Vete, que pagar prometo.
Greguesco (Aparte.)	Adiós pues. (O ciego he estado o es papel el recatado, 2390 y aunque éste es juicio indiscreto, por saber la mojiganga, vive Dios, me hiciera tiras.)
Demetrio	¿No te has ido ya? ¿Qué miras?
Greguesco	Muy bien hecha está esta manga. 2395
Demetrio	Ven por ellas y el vestido mañana.
Greguesco	Pues acabad, que de tres es necedad no se dar por entendido. Dadme la mano, que es él, 2400 digo.
Demetrio	¿Que llegas a asirme?
Greguesco (Aparte.)	Yerro siempre en despedirme (Y ahora acerté el papel.)
Demetrio	Vete pues.
Greguesco	Mil años viva

	vuestra alteza y las campañas	2405
	llene su brazo de hazañas,	
	pues ya tiene quién le escriba.	
(Aparte.)	(Lo que el ramillete encierra	
	puso Irene, que a este fin	
	le fue a hacer, y en un jardín	2410
	la criadilla no es de tierra.)	

(Vase.)

Demetrio	Cielos, ¿qué es lo que habrá en él?	
	¿Que escribe Irene? ¡Ay amor!	
	¿Qué dirá? Pero mejor	
	me lo informará el papel.	2415

Lee.

«Mi señora está desesperada y vuestra ausencia la
ha de obligar a lo que no pudiera la vista: hoy asiste
Alejandro al rey en el campo y hace noche fuera.
La puerta del jardín estará abierta. Dios os guarde.
Irene.»
Amor, si es verdad, ¿qué quiero?
Mil veces lo he de leer,
que aún no lo puedo creer.
Mas si esto miro, ¿qué espero?
¿Qué dudo, que no voy ya   2420
a lograr tanto favor?
Aventúrese el honor,
piérdase cuanto le da
a mi atención la esperanza.
Conmigo se enoje el rey,   2425
amenáceme la ley,
tome su esposo venganza,
vea mi Corona perdida,

crezca en todos el furor
contra mí; y viva mi amor   2430
aunque se pierda la vida.

(Vase y sale Irene.)

(Patio de una quinta. Noche. No hay luz.)

Irene   Temblando de la osadía
                 de Demetrio el ciego amor
                 espera la atención mía;
                 pero ya ha espirado el día,   2435
                 con que es el riesgo menor.
                 Gran culpa es la que fomento,
                 mas disculpa la flaqueza
                 viendo en mi ama el sentimiento,
                 en su esposo la tibieza   2440
                 y en mi maña el rendimiento,
                 que es tal que si de mi hablilla
                 se vale para su afán,
                 rendiré con persuadilla
                 la mujer del preste Juan   2445
                 al galán de la Membrilla.
                 Si él viene, doy por lograda
                 su pasión, aunque alborote
                 la Quinta su voz honrada,
                 porque está tan perdigada   2450
                 que la puede hacer gigote.
                 ¡Con qué elegante oración
                 he movido su inquietud!
                 No hay honra a mi tentación;
                 señores, la persuasión   2455
                 es grandísima virtud,
                 y está el príncipe en tocar

esta guitarra que espera.
Muy diestro debe de estar,
pues ha sabido templar   2460
la prima con la tercera.
Mas considerando estoy
en lo poco que me envía,
que un sus no ha habido hasta hoy...
¿Si acaso piensa que soy   2465
alcahueta de obra pía?
Si nada se le derrama
del bolsillo en su trompeta,
¿qué dirá de mí la fama?
Que el perro de la alcahueta   2470
es mayor que el de la dama.
Ruines somos, yo y cualquiera;
por ser rico le soy fiel
sin darme; y si pobre fuera,
por mucho que el pobre diera   2475
no hiciera nada por él;
porque el rico, aunque no da,
da esperanza y se le fía,
y el pobre, aunque dando está,
pensamos que no tendrá   2480
para darnos otro día.
Mas divertirme no puedo,
que aunque está a escuras, alerta
conviene estar al enredo.

(Sale Alejandro y Greguesco.)

Greguesco   Vamos, señor.

Alejandro   Entra quedo,   2485
                   pues está abierta la puerta.

Greguesco	Con eso el indicio allanas.
Alejandro	No hagas ruido.
Greguesco	No haré;
	cada vez que siento el pie
	pienso que piso avellanas. 2490
Alejandro (Aparte.)	(Mi honor silencio me dé;
	la lealtad de este criado
	me obliga a fiarme dél,
	pues él aviso me ha dado
	que a mi deshonra cruel 2495
	amaga tan triste estado.)
	Dime, que aunque lo imagino,
	es mi pena tan cruel
	que aun pienso que es desatino:
	¿viste bien si era papel? 2500
Greguesco	Ansí tuviera un molino.
Alejandro	Que sin duda aviso fue
	de mi ausencia he imaginado.
Greguesco	Yo, señor, no juraré
	que ello fue aviso.
Alejandro	¿Por qué? 2505
Greguesco	Porque él no anduvo avisado.
Alejandro	Eso no me da sosiego,
	antes crecen los enojos

al ver que yerra en mi fuego.

Greguesco   ¿Por qué?

Alejandro   Porque amor es ciego.   2510

Greguesco   ¿Pues para qué tiene antojos?

Alejandro   Que el rey me llegue a estorbar
                         lo que intento averiguar
                         temo, porque quiere hacer
                         noche en la Quinta.

Greguesco   Tener   2515
                         ojo al rey y ojo al amor.

Irene   Ruido siento, el príncipe es.

Alejandro   Tente, que siento rumor.

Irene   Ya es seguro mi interés;
                         cadena me dará, pues   2520
                         le eslaboné yo el amor.

Alejandro   ¿Quién será?

Greguesco   No hay que dudar,
                         que de Irene trae la nota.

Alejandro   ¿En qué se ve?

Greguesco   En el andar:
                         es fácil de brujulear   2525
                         porque tiene pies de sota.

Irene	Que es él, mi dicha no ignora. ¿Señor?
Alejandro	¿Sí?
Irene	Seas bienvenido, porque hallas a mi señora con gran desconsuelo agora. 2530
Alejandro	Cielos, ¿si me ha conocido?
Irene	Al punto a avisarla voy, porque de tu ausencia está fuera de sí.
(Vase.)	
Alejandro	Sin mí estoy... Si ya conocido soy, 2535 ¿qué diré?, ¿qué intento hacer? Volverme quiero.
Greguesco	Detente: ¿por qué al temor te anticipas?
Alejandro	¿Pues qué he de decirla?
Greguesco	Miéntele, fíngele un dolor de tripas 2540 que te ha dado de repente.
Alejandro	¿Pues por qué la he de decir que dejo al rey, cuando es ley

sus asistencias cumplir?

| Greguesco | Porque es primero asistir | 2545 |
| | a las tripas, que no al rey. | |

Alejandro	Pues llegado a conocer,	
	¿cómo saldré de mi duda	
	si no lo puedo saber?	

| Greguesco | Para eso puedes hacer | 2550 |
| | que te ordenen una ayuda. | |

(Salen Aurora e Irene.)

| Aurora | ¿Qué dices? | |

| Irene | Que ya está aquí. | |

Aurora	¡Ay Irene! El corazón	
	se está saliendo de mí,	
	que no sé qué turbación	2555
	le tiene fuera de sí.	

Irene	Deja ese temor, señora,	
	no malogres la ocasión,	
	pues Alejandro lo ignora	
	y con el rey está agora.	2560

| Aurora | Un yelo es mi turbación. | |

| Irene | Ya, señor, podéis salir. | |
| | Habla pues. ¿En qué reparas? | |

| Aurora | Espera, tú no te has de ir. | |

Irene	Luces voy a prevenir	2565
	para que os veáis las caras.	

(Vase.)

Greguesco	Grande es, cierto, tu torpeza.	
	Habla, pues te conoció.	
Alejandro	Eso causa mi tibieza.	
Aurora	Señor, no pensaba yo	2570
	deberos esta fineza;	
	vuestra ausencia me tenía	
	ya sin mí, y yo imaginaba	
	que hoy al rey asistiría.	
	Mas ya es la fortuna mía	2575
	mejor que yo la esperaba,	
	porque al paso que lo extraño	
	os lo estoy agradeciendo.	
Alejandro (Aparte.)	(¿Cómo doy crédito al daño?	
	Amor, que lo estás oyendo,	2580
	¿puede haber en esto engaño?)	
Aurora	Y si acaso habéis tenido	
	duda alguna de mi amor,	
	que no la tengáis os pido,	
	porque mi pecho ha vencido	2585
	vuestra fineza, señor.	
Alejandro (Aparte.)	(Cielos, ¿cómo he presumido	
	que hay ofensa entre los dos?	
	Necio, ¿tú creer has podido...?)	

Greguesco (Aparte.)	(Yo, señor, nunca he creído más de lo que manda Dios.)	2590
Alejandro (Aparte.)	(¿Por qué has dudado? ¿Por qué en la fe tan sin igual que me tiene y que se ve?)	
Greguesco (Aparte.)	(¡Yo no he dudado en la fe, miente quien dijere tal!)	2595
Aurora	¿Qué decís, señor? Ya sé que ciego dudáis mi amor.	

(Sale Demetrio y topa con Alejandro.)

Demetrio	Abierta la puerta hallé, pero aquí nadie se ve. Hoy lograré su favor... Al cuarto entraré. ¿Quién va?	2600
Alejandro (Aparte.)	(¿Qué es lo que escucho? ¡Ay de mí! ¡Un hombre se ha entrado acá! Válgame Dios, ¿quién será?)	2605

(Apártase Alejandro y pasa adelante Demetrio y topa con Aurora.)

Demetrio	¿Quién es?
Aurora	Sola estoy aquí, que en mi fineza prosigo.
Demetrio	¿Es Aurora?

Aurora	Sí, señor, ¿aún lo duda vuestro amor?
Alejandro (Aparte.)	(Ella cree que habla conmigo; 2610 retirarme yo es mejor por ver lo que intenta aquí.)
Aurora	Sola estoy con vuestra alteza.
Alejandro (Aparte.)	(¡Ay infelice! ¿Qué oí? ¡Caiga el cielo sobre mí!) 2615
Demetrio	Nunca dudé tu fineza, Aurora, y si lo has pensado en vano ha sido el temor que me has dicho.
Alejandro (Aparte.)	(¡Ay desdichado!)
Demetrio	Mas creí que había encontrado 2620 un hombre aquí.
Aurora	No, señor, yo sola con vos estaba.
Demetrio	La escuridad causa fue.
Alejandro	([A Greguesco] ¡Ay de mí! ¡Ella le esperaba y por él conmigo hablaba!) 2625
Greguesco	([A Alejandro] ¿Cómo has dudado en la fe?)
Alejandro	([A Greguesco] Calla y aquí te retira, que hoy se verá la venganza

	mayor que emprendió la ira.	
	Encúbrete bien.)	
Greguesco	([A Alejandro] Pues mira	2630
	que no se yerre la danza.)	
Demetrio	¿Pues cómo a escuras, señora,	
	sola esperabas aquí?	
	Mas, ¿cómo mi amor ignora	
	que las luces de tu Aurora	2635
	son bastantes para mí?	
Aurora	Al riesgo de estar con vos	
	esta escuridad previene	
	el sosiego de los dos.	
	Mas ya trae luces Irene.	2640

(Sale Irene con luces y pónelas sobre un bufete. Alejandro y Greguesco, ocultos.)

Irene	Buenas noches os dé Dios.	
Alejandro (Aparte.)	(¡Ah cielos! ¿Qué es lo que veo?	
	Honor, que lo estás mirando,	
	¿es cierto? Que de la duda	
	para no morir me valgo.)	2645
Aurora	¡Ay de mí! Al veros con luz	
	no sé qué asombro reparo	
	en vuestro rostro, señor,	
	que me asusta un sobresalto.	
Demetrio	¿Asombro en mí, bella Aurora?	2650
	¿De qué, si yo te idolatro?	

Irene	Señor, abierta la puerta,
	con riesgo aquí estáis hablando.
Aurora	Mientras yo la cierro, Irene,
	adentro sigue mis pasos 2655
	y nunca me dejes sola.
Irene (Aparte.)	(¡Buen melindre!) Ya lo hago.
Greguesco (Aparte.)	(¡Oh arcaduz, en una noria
	te vea yo boca abajo
	y por la boca quebrada 2660
	se te salgan los livianos.)
Demetrio	¡Vamos pues!

(Aurora dirigiéndose a parte distinta, en la que está oculto Alejandro.)

Aurora	Cielos, ¿qué veo?
	¡Tente, señor! Alejandro,
	¿tú la espada contra mí?
	¿Qué...? ¿Qué es esto, cielo santo? 2665
Demetrio	¿Qué haces, Aurora? ¿Qué dices?
Aurora	¡Alejandro está en mi cuarto!
	¡Señor, amparadme vos!
Demetrio	¿Qué dices? ¿Aquí Alejandro?
Irene	Señora, ¿cómo es posible, 2670
	si yo de allá dentro salgo
	y está todo el cuarto solo

	y él con el rey en el campo?	
Demetrio	Mira que ha sido ilusión.	
Aurora	Con el acero en la mano le vi, señor, o el temor me le representa airado.	2675
Alejandro (Aparte.)	(¡Oh efecto de honor y fuerza en delito tan tirano!)	
Demetrio	Si es fantasía, ¿qué temes?	2680
Irene	Miedo es, señor, pero en vano.	
Aurora	¡Ay, señor, volveos al punto, que al riesgo basta este amago, que acaso el cielo me avisa y a mi honor basta un acaso!	2685
Demetrio	¿Pues das crédito a una sombra?	
Irene	Entra, que ha sido un engaño.	
Alejandro (Aparte.)	(Por lograrla mejor solo, ya mi venganza dilato.)	
Demetrio	Ven pues, Aurora, que yo iré delante alumbrando.	2690

(Toma una luz.)

Aurora	¡Ay de mí!

Demetrio	¿Qué es lo que temes?
Aurora	A mi esposo.
Demetrio	Yo te amparo.
Aurora	Yo le vi.
Demetrio	Fue fantasía.
Aurora	¡Sin mí estoy!
Demetrio	Ven, que es en vano.

2695

Aurora	Irene, al punto me sigue.
Irene	Tras ti voy.
Demetrio	¿Qué vas dudando?
Aurora	Que doy, señor, imagino, hacia mi muerte estos pasos.

(Vanse.)

Irene   ¿Yo seguirla? No haré tal.   2700
                Escurro por otro lado,
                que si el príncipe ha de darme
                contra mí es irle a la mano.

(Vase.)

Alejandro   Ahora, honor, a la venganza.
                Quédate tú en este paso;   2705

por si vuelve esa criada.

Greguesco   Eso déjalo a mi cargo:
              tú a la tuya y yo a la mía,
              que también soy yo agraviado.

Alejandro   Ya, honor, tu causa se ha visto   2710
              en la sala del agravio,
              donde la razón preside;
              ya la verdad hizo el cargo
              por el fiscal y el delito
              contestemente probado   2715
              por mí —pues ojos y oídos
              en la probanza juraron—.
              Callaron duda y amor,
              que eran sus dos abogados,
              y no hallando la disculpa,   2720
              echó la razón el fallo.
              Que yo ejecute el castigo
              manda la ley de honor sacro,
              y ya para la venganza
              tomo el acero en la mano.   2725
              El corazón se despulsa,
              del pecho se arranca a saltos,
              rayos arrojan los ojos
              y, balbucientes los labios,
              titubean las razones.   2730
              Ea, honor, ya llegó el plazo;
              entra, pues... A andar no acierto,
              los pasos yerro temblando,
              que un honor escurecido
              va dando a ciegas los pasos.   2735

(Vase.)

128

Gregueso	¡Ea infante vengador,
	pégala de arriba abajo
	y muera Irene, esta perra!
	Mas, ¿por qué ofensa o qué trato,
	ofensa grande, pues mete 2740
	un galán de contrabando,
	siendo yo en esta aduana
	el juez del alcahuetazgo.
	Mas ya las espadas suenan
	a almirez de boticario. 2745

(Dentro.)

Aurora	¡Muerta soy!
Greguesco	Réquiem aeternam
	famulorum famularum.

(Salen riñendo.)

Demetrio	Hombre o demonio, ¿quién eres?
Alejandro	Quien lava su honor manchado.
Demetrio	Matarete, vive el cielo. 2750
Greguesco	¡Dale, que estoy a tu lado!
Demetrio	¿No me conoces? ¿Qué intentas?
Alejandro	Ser contra mí, fiel vasallo,
	echar mi espada a tus plantas,
	pues en ti, aunque eres tirano, 2755

no pueden cortar sus filos.
Y pedirte arrodillado
que no me dejes la vida
para sentir el agravio.

(Suelta la espada y se arrodilla.)

Demetrio	Esa lealtad que te templa,	2760
	ofendido e injuriado,	
	me reporta a mí también	
	para no hacerte pedazos.	
	Vete ya.	
Alejandro	Dame la muerte,	
	pues el honor me has quitado.	2765
	¡Mátame, señor! ¿Qué esperas?	
	¡Mátame!	
Demetrio	¡Vete, Alejandro!	

(Dentro, el rey.)

Rey	¡Derribad o abrid las puertas!	
Greguesco	¡El rey es!	
Alejandro	Príncipe ingrato,	
	mátame; no me hallen vivo	2770
	los que han de verme agraviado.	
Demetrio	¡Cielos, empeño terrible!	
Alejandro	¡Ay de mí! ¿Qué estás dudando?	
	¡Mátame!	

Greguesco	¿Que a mí me dices?	
Alejandro	Sí, ¡mátame!	
Greguesco	Yo no mato.	2775
Alejandro	¡Pásame el pecho!	
Greguesco	Señor, yo tengo juego y no paso.	
Alejandro	Pues yo lo haré con mi acero.	
Greguesco	¡Tente, señor!	
Alejandro	¡Con mis manos me he de matar!	
Demetrio	¡No le dejes!	2780

(Dentro.)

Rey	¡Entrad adentro del cuarto!	
Demetrio	¡A gran riesgo estoy!	

(Sale el rey, Nise, damas, Filipo y toda la compañía.)

Rey	¿Qué es esto?	
Alejandro	¡Ah crueles, ah tiranos! ¿Que no queréis darme muerte? Pero el cielo tiene rayos;	2785

	yo provocaré sus iras.	
	¡Ahora es tiempo, cielo santo!	
Rey	¿Qué es esto? ¿Vos descompuesto	
	en mi presencia, Alejandro?	
Alejandro	Morir quiero, nada temo.	2790
	Ya solo morir aguardo.	
Rey	¿Qué tenéis? ¿Qué ha sucedido?	
Alejandro	Ser para mí el cielo ingrato,	
	los hombres y los rigores,	
	pues matarme deseando,	2795
	ni su traición lo permite	
	ni los provoca mi labio.	
	No quiero vida, no quiero	
	fama, nombre, honor ni lauro;	
	solo quiero eterno olvido	2800
	en el silencio de un mármol.	
	Y a vos, señor, que la causa	
	disteis al dolor que paso,	
	de mi triste muerte el cielo	
	os haga el violento cargo.	2805
	De leal quedo sin honra	
	y porque veais que mi agravio	
	satisfice cuando pude,	
	volved los ojos al caso.	

(Señalando la puerta donde se figura que está muerta Aurora.)

	Ésta es, señor, mi desdicha;	2810
	lo que ignoráis preguntaldo	
	al príncipe, que está aquí.	

Como noble y leal vasallo
pude lograr mi venganza
Lo demás no está en mi mano.   2815

(Vase.)

Rey   Espera, Alejandro, espera.
               Viven los cielos sagrados,
               que he de restaurar tu honra,
               pues a mí me has hecho el cargo.

Nise   Ni en dolor ni amor hay ojos   2820
               para ver tan triste caso.

Rey   ¿Demetrio?

Demetrio   Señor, si yo...

Rey   No pregunto, sino mando
               que deis la espada a Filipo.

Demetrio   Para obedecer la traigo.   2825

Rey   Llevalde, Filipo, vos,
               de mi guarda acompañado,
               y luego sin dilación,
               en un público teatro
               hacelde sacar los ojos.   2830

Demetrio   Señor...

Rey   ¡Replicáis en vano!
               La ley se ha de ejecutar.
               ¡Oh, viven los cielos sacros,

que con los ojos os haga
sacar el alma, tirano!   2835
¡Ea, llevalde!

Filipo   ¡Ea, venid!

Demetrio   Pues si no hay réplica, vamos.

(Vanse.)

Rey   Llamadme a Alejandro luego.

Nise   Señor, sucedido el caso,
                   aunque el alma me penetra   2840
                   la desdicha de Alejandro,
                   mirad que Demetrio es
                   príncipe que ha de heredaros...
                   ¿Cómo ha de quedar sin ojos?

Rey   Dando ejemplo a mis vasallos,   2845
                   sacro respeto a las leyes,
                   eterno renombre al brazo
                   de mi justicia, y castigo
                   a la ofensa de Alejandro.

Greguesco   Bien haya quien te parió,   2850
                   rey justiciero, rey sabio,
                   rey grande y rey de tapiz,
                   con un cetro y ropón largo.

(Dentro.)
[Voces]   ¡Viva el príncipe!

Rey   ¿Qué es esto?
(Dentro.)

[Voces]	¡Al príncipe defendamos!	2855

Nise	Señor, ¿qué alboroto es éste?	

(Sale Filipo.)

Filipo	Señor, todos conjurados,	
	los grandes de vuestro reino,	
	como leales vasallos,	
	al príncipe librar quieren.	2860

Rey	Pena de traidores mando,	
	que ninguno le defienda.	

(Dentro.)

[Voces.]	¡No está el príncipe obligado	
	a la pena de la ley!	

Rey	¿Qué es «no», traidores? ¡Mataldos!	2865
	¡Ah de mi guarda!	

(Sale Alejandro.)

Alejandro	Señor,	
	si yo a tus pies soberanos	
	puedo templar el rigor	
	de la justicia en tu brazo...	
	La parte soy agraviada	2870
	y yo perdono mi agravio	
	porque mi príncipe viva	
	sin falta que importa tanto.	

Nise	Y yo, señor, a tus plantas	
	te suplico que en mi hermano	2875
	se modere este castigo,	

pues para honrar a Alejandro
tienes honor y poder.

Rey   Eso intento. Levantaos.
La ley se ha de ejecutar,   2880
que pierde el honor de ley,
si aun por un hijo de un rey
se llegase a quebrantar.
Y mejor podrá reinar
ciego él que con ojos yo,   2885
pues si a él la ley le obligó,
quien fuere della enemigo
temblará de aquel castigo
que en su rey se ejecutó.
No ha de quebrantarse aquí: 2890
dos ojos manda sacar;
uno el príncipe ha de dar
y otro han de sacarme a mí;
piedad y justicia ansí
tendrán en él igualdad.   2895
Pues cuando con majestad
rija el cetro a que le obligo
tendrá en un ojo el castigo
y en el otro la piedad.
Esto, Alejandro, es cumplir   2900
con la fuerza de la ley,
y con tu honor injuriado
es fuerza cumplir también;
y pues yo te debo dar
el honor que te quité,   2905
dando ocasión a tu afrenta,
para restaurarte en él,
con la corona de Atenas,
tuya es Nise.

Nise (Aparte.)	(¿Qué escuché?)
Alejandro	¡Cielos, qué extraña ventura! 2910
Nise	¡Dichoso el mal que tal bien ha causado!
Rey	Ea, ¿qué esperas? Da a Nise la mano, pues.
Nise	Llega, Alejandro, a mis brazos.
Alejandro	Con el alma llegaré. 2915
Greguesco	¡Vivan los dos reyes tuertos a par de Matusalén! Ansí la ley cumplir hizo este valeroso rey. Y si esta historia os agrada, 2920 porque verdadera es, dad vuestro aplauso al poeta que la escribe, para que tengan los hombres respeto a la fuerza de la ley. 2925
	Fin

Libros a la carta

A la carta es un servicio especializado para
empresas,
librerías,
bibliotecas,
editoriales
y centros de enseñanza;
y permite confeccionar libros que, por su formato y concepción, sirven a los propósitos más específicos de estas instituciones.

Las empresas nos encargan ediciones personalizadas para marketing editorial o para regalos institucionales. Y los interesados solicitan, a título personal, ediciones antiguas, o no disponibles en el mercado; y las acompañan con notas y comentarios críticos.

Las ediciones tienen como apoyo un libro de estilo con todo tipo de referencias sobre los criterios de tratamiento tipográfico aplicados a nuestros libros que puede ser consultado en Linkgua-ediciones.com .

Linkgua edita por encargo diferentes versiones de una misma obra con distintos tratamientos ortotipográficos (actualizaciones de carácter divulgativo de un clásico, o versiones estrictamente fieles a la edición original de referencia).

Este servicio de ediciones a la carta le permitirá, si usted se dedica a la enseñanza, tener una forma de hacer pública su interpretación de un texto y, sobre una versión digitalizada «base», usted podrá introducir interpretaciones del texto fuente. Es un tópico que los profesores denuncien en clase los desmanes de una edición, o vayan comentando errores de interpretación de un texto y esta es una solución útil a esa necesidad del mundo académico.

Asimismo publicamos de manera sistemática, en un mismo catálogo, tesis doctorales y actas de congresos académicos, que son distribuidas a través de nuestra Web.

El servicio de «libros a la carta» funciona de dos formas.

1. Tenemos un fondo de libros digitalizados que usted puede personalizar en tiradas de al menos cinco ejemplares. Estas personalizaciones pueden ser de todo tipo: añadir notas de clase para uso de un grupo de estudiantes,

introducir logos corporativos para uso con fines de marketing empresarial, etc. etc.

2. Buscamos libros descatalogados de otras editoriales y los reeditamos en tiradas cortas a petición de un cliente.

www.ingramcontent.com/pod-product-compliance
Lightning Source LLC
LaVergne TN
LVHW091222080426
835509LV00009B/1125

9 7 8 8 4 9 8 1 6 7 7 6 4